RUNEN

DE TOEGANG TOT JE UNIEKE INNERLIJKE KRACHT

Cassandra Eason

RUNEN

DE TOEGANG TOT JE UNIEKE INNERLIJKE KRACHT

Deltas

Original title: *Runes talk to the woman within*
© Cassandra Eason MM.
First published by: W. Foulsham & Co. Ltd, represented by Cathy Miller Foreign Rights Agency, London, England.
All rights reserved.
© Dutch edition: Zuidnederlandse Uitgeverij N.V., Aartselaar, België, MMIV.
Alle rechten voorbehouden.

Deze uitgave door: Deltas, België-Nederland.
Nederlandse vertaling: Moniek Braeckman
D-MMIII-0001-403
Gedrukt in de EU
NUR 720

Inhoud

Inleiding	7
Uw runen vinden	15
Uw runen tekenen	20
Uw runen leren kennen	21
De aett van Freya	
Dag 1 Feoh – rijkdom	23
Dag 2 Ur – de oeros	25
Dag 3 Thorn – de hamer van Thor	28
Dag 4 Os – de mond van Odin	31
Dag 5 Rad – het wiel	33
Dag 6 Cen – de toorts	35
Dag 7 Gyfu – het geschenk	38
Dag 8 Wyn – vreugde	41
De runen werpen	43
Een andere methode om runen te werpen	50
Paranormale bescherming	52
De aett van Haegl	
Dag 9 Haegl – hagel	55
Dag 10 Nyd – nood	58
Dag 11 Is – ijs	60
Dag 12 Ger – het jaar	62
Kies uw rune van de dag	64
Een worp met drie runen	69
Dag 13 Eoh – de taxus	73
Dag 14 Peorth – de dobbelbeker	76
Dag 15 Eohl – elandsgras	79
Dag 16 Sigil – de zon	82
Een worp met zes runen	85
De aett van Tir	
Dag 17 Tir – de Poolster	90
Dag 18 Beorc – de berk	93
Dag 19 Eh – het paard	96
Dag 20 Man – de mensheid	99

Dag 21 Lagu – het meer	102
Dag 22 Ing – de god van het graan	105
Dag 23 Odal – het thuisland	108
Dag 24 Daeg – zonsopgang	111
Een worp met negen runen	113
De aett van Odin	
Dag 25 Ac – de eik	118
Dag 26 Aesc – de es	120
Dag 27 Yr – de boog	122
Dag 28 Iar – de bever	124
Dag 29 Ear – stof	126
Dag 30 De blanco rune	128
Het gebruik van uw voorspellende runen	130
Runenbezweringen met de aett van Freya	135
Runenbezweringen met de aett van Haegl	147
Runenbezweringen met de aett van Tir	158
Runenbezweringen met de aett van Odin	167
Register	171

Inleiding

Runen vinden hun oorsprong in een sterke vrouwelijke traditie. In de dertiende eeuw beschreef de auteur van de vikingsage Erik de Rode een spakona als volgt:

> *Ze droeg een mantel met stenen langs de zoom. Ze droeg een kap van wit kattenvel die haar hele hoofd en nek bedekte. In één hand droeg ze een staf met een knop aan het eind en aan haar gordel, die haar lange gewaad bijeenhield, hing een toverbuidel.*

Terwijl de mannen oorlog voerden, nieuw land zochten of handel voerden werd de waarzeggerij met runen beoefend door wijze vrouwen. Mannen wierpen de runen voor een gevecht of een reis om de wil van de goden te kennen.

De vikingen waren grote reizigers – Leif, zoon van Erik de Rode, ontdekte Amerika in 992, 500 jaar voor Columbus. Zij reisden naar Rusland, Turkije, Griekenland en Noord-Afrika. Langs hun routes vond men stenen monumenten, graven en voorwerpen beschreven met runenschrift.

Rituelen en voorspellingen met runen werden niet alleen uitgevoerd door de priesteres van de stam maar ook door gewone vrouwen. Ze gooiden de runen om te weten of hun mannen en zonen behouden zouden terugkeren en hun familie de harde noordelijke winter zou overleven. Terwijl ze de runen wierpen zagen de moeders, zusters en vrouwen hoop, angst, dromen en verlangens.

In onze wereld met centrale verwarming en kunstlicht hebben we weinig fysieke ongemakken. Toch zijn we bezorgd om onszelf en onze geliefden. We willen onszelf leren kennen, zoals deze sterke vrouwen van de wereld van het ijs en de sneeuw.

Wat zijn runen?

Rune betekent geheim of verborgen en stamt af van *ru*, het woord voor gefluister in de oude Germaanse talen. Runen zijn samenhangende, hoekige symbolen, aangebracht op ronde stenen, houten schijven of staven. Hoewel de runen sterk verbonden zijn met elkaar, zijn ze toch duidelijk onderling te onderscheiden. Ze vormen een geheel van 16 tot 36 runen, waarbij het aantal afhankelijk is van de streek waar ze gebruikt worden.

Runen kwamen voor van Scandinavië tot IJsland, bij de Angelsaksische volkeren op de vlakten van West-Europa en bij de Germaanse volkeren. Ook in Northumberland in het noordoosten van Engeland bestond een uitgebreid runensysteem dat terugging op de aloude elementen aarde, lucht, vuur en water. Dit boek is gebaseerd op de Angelsaksische runenreeks.

De symbolen kunnen aangewend worden voor voorspellingen, magie of meditatie. Combinaties van runen of bindrunen zijn een magische talisman met macht en bescherming. Elk runensymbool correspondeert met een letter. Runen vormen soms een magisch alfabet om magische wensen te coderen en te bekrachtigen.

Odin, de oppergod van de vikingen, was de uitvinder van de runen. Zijn legende is afkomstig van de oude Volsungr-stam die in de laatste ijstijd in het verre noorden leefde. Het was een stam van priester-tovenaars die de oude wouden en trekwegen beschermde. Ze hielpen iedereen die in nood was en gebruikten de vroegere vorm van runen, de zogenaamde oerrunen. De Volsungr verspreidden hun wijsheid en heilige gezangen die samenhingen met de magische symbolen, maar trokken zich uiteindelijk terug in de noordse bossen. Deze vroege runensymbolen, waaronder vele heilige tekenen die verband hielden met de aartsgodin, stammen uit de bronstijd. Ze werden teruggevonden in oude rotstekeningen in Zweden en dateren van 1300-1200 v.Chr., de tweede bronstijd, en van 800-600 v.Chr., de overgangsperiode naar de ijzertijd.

De runen die wij gebruiken dateren van de tweede tot derde eeuw v.Chr., toen de Germanen door de toenemende handel in Europa in contact kwamen met het mediterraans Etruskisch alfabet.

Het hedendaags gebruik van runen

Runen zijn gebaseerd op archetypen en concepten die in alle voorspellende systemen voorkomen. Er zijn parallellen met de tarot en het werken met kristallen. Runen gaan over geboorte, dood, relaties, geld en het vinden van betekenis in een veranderende en soms vijandige wereld.

De runenwereld respecteert de natuur, de bomen, stormen, regen, hagel, sneeuw, zon, velden, zee en bergen. De runen dragen een bijzonder moderne visie van het lot in zich: onze toekomst wordt gemaakt door het verleden en het heden. Sommige psychologen gaan zelfs akkoord met de visie van de vikingen dat de mens de last van de voorouders voortzet in zijn genen. Zo zijn we niet alleen het product van de genen van onze dichte familie, maar ook van onze verre voorouders; dit alles in een complex net van verbanden.

De vikingen beschouwden het lot als een web dat zich voortdurend uitbreidt en opnieuw geweven wordt. Het web wordt voor ieder van ons geweven door de drie schikgodinnen, 'Nornen' of het Lot. We kunnen ons niet beschermen tegen ongeluk, net zomin als de oude volken van de runen dat konden. Maar als we erin slagen de wijsheid van de runen via hen te vergaren, kunnen we ons lot wel in eigen handen nemen.

Vrouwen kunnen verrassend nuchter zijn in hun opvattingen. Ze kunnen hunkeren naar romantiek en verzwelgen in passie, maar ze begrijpen veel beter dan mannen de gevolgen van hun daden. Ze doorgronden relaties, aanvaarden dat anderen feilbaar zijn en herstellen dingen in plaats van ze meteen weg te gooien (de Nornen waren niet voor niets vrouwen).

Ze kunnen even doortastend zijn als de vikingen of Angelsaksische volkeren als het om een project gaat dat ze koesteren. Daarnaast voeden ze ook hun kinderen op, troosten ze zieke of ongelukkige vrienden of familie en trekken tijd uit voor de noden van anderen. Vandaar ook dat de moedergodin Frigga (of Frig in de Angelsaksische traditie) de patrones was van de vrouwen, het huwelijk en de huisvrouwen. Haar glinsterende spinrok is zichtbaar in de sterren, in het sterrenbeeld dat we Orions riem noemen. Zij ging niet, zoals haar man Odin (Wodan), op het eind van het jaar enkele maanden op reis om de winter te ontvluchten.

Hoe kunnen we de runen gebruiken?

In dit boek gebruiken we een eenvoudig, maar krachtig systeem om de runen te werpen. We werpen de runen in een cirkel op een stuk stof en met meervouden van drie.

Het werpen van runen lijkt willekeurig. Toch heb ik ondervonden dat de gekozen runen een belangrijk beeld geven van waar men mee bezig is, van verborgen aspecten en mogelijke oplossingen.

Na honderden worpen gelezen te hebben, stel ik vast dat in de specifieke formaties vaak een dieper antwoord te vinden is dan dat op de gestelde vraag. De voorspelling lijkt te werken met een kracht gelijk aan psychokinese. Het is alsof de runen die we blind uit de zak halen en op de doek gooien beïnvloed worden door ons diepe onbewuste. De psycholoog Gustav Jung meende dat dit onbewuste verband hield met de collectieve wijsheid van de mensheid en zelfs werkzaam was buiten de grenzen van tijd en ruimte.

Het oorspronkelijke werpen met runen riep de macht aan van de goden en godinnen. In de huidige, moderne wereld spreken we het goddelijke aan in onszelf, ons eigen spirituele zelf. Het is dezelfde macht die we aanspreken om in het dagelijkse leven te bepalen of iemand te vertrouwen is of niet. En dat is een beslissing die tegen de uiterlijke kenmerken of beschikbare bewijzen kan ingaan. Deze instinctieve beoordelingen zijn altijd correct. Moeders worden vaak wakker voor hun kind wakker wordt en voorspellen vaak het geslacht van hun baby zonder, of soms tegengesteld aan een echografie. Vrouwen vallen vaker terug op hun innerlijke stem, meer dan mannen. Ze vinden makkelijker toegang tot het verborgen deel van de geest dat tot uiting komt in de runen.

De wijsheid van runen

Veel van de overgeleverde kennis van de runen komt voort uit runengedichten die gebaseerd zijn op mondelinge verhalen. Die werden in de elfde eeuw in Scandinavië en in de negende eeuw of zelfs vroeger in Noord-Europa neergeschreven door monniken (de originelen zijn verloren gegaan, wat de datering van de legendes bemoeilijkt). De kopieën geven een christelijk beeld weer maar beschrijven ook de vele gevaren en harde tijden die de pioniers en strijders meemaakten. Zij gebruikten als eersten de runen als gids. De drie belangrijkste gedichten waren het Angelsaksische (of Oud-Engelse), het Oud-Noordse en het IJslandse runengedicht.

De mythe van Odin, de oppergod van de vikingen die de runen en hun wijsheid ontdekte, bestaat in verschillende versies. Ze suggereren zelfs dat de wijsheid en kennis van de runen die van de goden oversteeg. Die kennis was afkomstig van de oudste tijden, van de wortels van Yggdrasil, de Oud-Noordse wereldboom, die in de Angelsaksische traditie Eormensyll genoemd werd. In Yggdrasil zijn de negen werelden terug te vinden, inclusief die van de goden en de sterfelijken. De drie Nornen of schikgodinnen bewaakten de bron van Urd (het lot) aan de voet van de wortels van Yggdrasil, net onder het rijk van de goden, Asgard.

Hierna volgt een verslag dat door Odin zelf zou zijn gedicteerd, en getuige is van zijn eigen beproeving om verlichting te vinden in de runen:

> *Ik weet dat ik hing*
> *aan de door wind geteisterde boom*
> *negen lange nachten,*
> *verwond door mijn eigen speer,*
> *gewijd aan Odin,*
> *mezelf offerend aan mezelf;*
> *gebonden aan de boom,*
> *waarvan niemand kent,*
> *de wortels waaruit hij groeit.*
> *Niemand gaf mij brood,*
> *niemand gaf mij drank;*
> *ik keek neer in de diepste diepten,*
> *waar ik de Runen ontdekte,*
> *met een luide kreet bemachtigde ik ze;*
> *waarna ik duizelig en bezwijmd neerviel*

(Uit het *Lied van de Hoge* van het *Lied Edda*, een bewerking van verschillende vertalingen van vroege IJslandse goden- en heldenliederen.)

De verschillen tussen de mythes bestaan vooral in de verschillende namen voor de goden en hun belangrijkheid: Wodan bijvoorbeeld, de Angelsaksische god van de donder, of de Oud-Noordse Thor, is in de Angelsaksische kosmologie belangrijker dan in die van de vikingen. De runen hebben ook soms een andere naam, maar de betekenis is altijd dezelfde.

Leest u de runen voor uzelf of voor anderen?

Het is niet gebruikelijk om de runen voor uzelf te lezen, maar toch is het een heel machtig middel om uzelf te ontdekken. U ontwikkelt daarbij uw spiritueel bewustzijn en beantwoordt tegelijkertijd vragen over het alledaagse leven. U kunt natuurlijk ook de runen lezen voor anderen, maar elk voorspellend lezen is in essentie een dialoog met de vraagsteller.

Runen en vrouwen

Nooit hebben vrouwen zoveel mogelijkheden gehad. We zwaaien onze mannen die op reis gaan niet meer uit. We varen zelf op zee, werken in het leger, zijn piloot en ruimtevaarder.

Slaat u echter een of ander vrouwenblad open, dan leest u talloze artikels over hoe een man te vinden en die te houden. Artikels met lichaamsoefeningen en tips om cellulitis aan te pakken. Verderop leert u een heerlijke maaltijd bereiden en vertelt men u hoe u de badkamer met dit ene krachtige product kunt reinigen. Ten slotte krijgt u tips om de hal opnieuw in te richten of het meubilair te verplaatsen om uw huis feng shui te maken.

Kinderen en een gezin zijn een bron van geluk. Ook al bestaat in veel landen ouderschapsverlof voor mannen, toch blijft de vrouw, volgens tal van onderzoeken, verantwoordelijk voor het huishouden en de zorg voor de kinderen. Een oudere vrouw voelt zich vaak verantwoordelijk voor haar moeder of grootmoeder. Een vrouw zonder kinderen krijgt te maken met een gevoel van overbodigheid en ouderdom in een samenleving waarin de jeugd aanbeden wordt.

Vrouwen lieten zich vroeger leiden door de zon en de maan. Tijdens hun menstruatie trokken ze zich terug om na te denken en te rusten. Nu leven we in een samenleving die dag en nacht actief is, 365 dagen per jaar. Om te rusten tijdens de lange winteravonden, als voorbereiding op de lente, is geen tijd meer. Vrouwen werken tot net voor de bevalling, zetten de ramen open om hun opvliegers te lijf te gaan en slikken tegen hun zin hormonen om toch maar mee te kunnen met de huidige race, liever dan trager te leven en de natuur haar gang te laten gaan. Zelfs de jongere en meer hippe vrouwen ontsnappen niet aan de extreme druk. Uit onderzoek blijkt dat veel jonge vrouwen liever een boek lezen of slapen dan seks te hebben.

Het is niet allemaal kommer en kwel. Het is een lichtpunt dat vrouwen verschillende zaken tegelijk aankunnen. Zo slagen ze erin zinvolle relaties te combineren met een carrière. Vrouwen staan nog altijd dicht bij de maan en de natuur. Dankzij de voorspellende en magische krachten van de runen kunnen ze contact krijgen met hun spirituele zelf. Ze kunnen hun inspiratie en intuïtie aanwenden om problemen op te lossen, waarvoor logica en expertise niet volstaan.

Met behulp van de runenrituelen kunnen ze zichzelf sterker maken en bescherming vinden tegen de vijandigheid van anderen. Bovenal ontdekken ze de zin van hun leven en kunnen ze hun toekomst spiritueel, emotioneel en praktisch vormgeven.

Uw runen vinden

In tegenstelling tot andere voorspellende instrumenten, zijn runen makkelijk te maken. Aangezien u zelf de stenen uitkiest en er de magische symbolen op aanbrengt, worden ze deel van uw eigen bijzondere magie.

U hebt 30 platte stenen met de grootte van een groot muntstuk nodig. Elke steen moet een zijde hebben waarop u makkelijk een symbool kunt tekenen of graveren.

Indien mogelijk verzamelt u uw stenen tijdens een dagje aan zee, een meer of een getijdenrivier. In een gedicht van E.E. Cummings staat:

> *Whatever you lose like a you or a me,*
> *it's always yourself you find by the sea.*

Dat geeft weer hoe belangrijk het is om uw eigen stenen te vinden. U kunt om het even welke stenen gebruiken. Of u ze nu in een stadspark of een woestijn vindt; ze dragen altijd de energie van de plaats waar u ze vindt.

Waar u ook zoekt, maak er een aangenaam en rustig uitstapje van. Ga dus niet op zoek in het gezelschap van iemand die al uw aandacht opeist. Neem uw tijd en laat de stenen u uitkiezen. Als u er een gevonden hebt, was hem dan in de zee of de rivier. U zult zien dat zelfs de meest doffe stenen gaan stralen als een schitterend juweel. Laat ze spreken tot uw innerlijk oor en sluit de ogen als u ze vasthoudt.

Als u aan zee bent, loop dan over het strand en schrijf uw naam in het zand zoals u deed in uw kindertijd. Alleen maar uw naam – niet die van iemand anders. Leg er de stenen op voor u ze wegbergt. Als u in een park bent, leg dan uw initialen met de runen op een rustig plekje in het gras.

Verzamel uw blanke runen een voor een en leg ze in een zakje met een trekkoord, liefst een zakje gemaakt van natuurlijke vezels. U kunt ook naar een bos gaan en een droge tak uitzoeken waar u 30 schijfjes van zaagt van ongeveer dezelfde grootte. Een bezemsteel kan ook, maar als het kan, wandel dan tussen de bomen. U zult ze wellicht horen praten, zoals ook de priesteressen dat hoorden in de oude eikenbossen van Dodona, die gewijd waren aan Zeus. De eik, de boom van Thor en Odin, is een goede keuze, alsook de es, de Teutoonse Wereldboom. De hazelaar was de boom van de wijsheid en rechtvaardigheid van de druïden en is ook geschikt voor voorspellingen. U kunt echter runen maken van om het even welke houtsoort.

Als u het kunt betalen, kunt u zilveren of aardewerken runen kopen. U kunt uw symbolen ook schilderen op 30 heldere kristallen, rozenkwarts of bleke, transparante amethist.

U kunt natuurlijk ook een runenset kopen. Kies dan een Angelsaksische set. Er bestaan mooie sets kristallen, zilveren, houten en stenen runen. Neem de tijd en kies die set uit die het best bij u lijkt te passen.

Zoek thuis een plekje uit dat het meest geschikt is voor het magische werk. U kunt een tafeltje of een rek vrijhouden voor kaarsen, kristallen, uw runenkleed en zakje. Als u ze niet gebruikt, bergt u ze bijvoorbeeld op in een houten doosje. Gedurende de weken dat u op die plaats werkt, zullen de harmonieuze energieën zich opstapelen waardoor de plaats een heiligdom wordt in uw huis, hoe druk ook. Zet enkele bloemen of planten op dit plekje zodat de stroom van de levenskracht versterkt wordt.

's Avonds steekt u paarse of donkerblauwe kaarsen aan voor het paranormale bewustzijn. U brandt wierook; bijvoorbeeld jasmijn, de geur van de maan of sandelhout voor wijsheid en om in contact te komen met uw eigen spirituele zelf. Spreid uw gevonden of aangekochte runen voor u uit. Ze vertegenwoordigen de bestemming die u voor uzelf zult schrijven en zijn dus heel bijzonder.

✧ De eerste avond strooit u rond uw runen een cirkel met zout om hen te beschermen met het oude aarde-element en u zegt:

Moeder Aarde, laat mijn runen de wijze weg
van de voorouders weerspiegelen en aanvaarden
wat niet veranderd kan worden.

✧ Maak vervolgens 'met de klok mee' een cirkel van rook met jasmijn- of sandelhoutwierook en zeg:

Macht van de Aarde, laat mijn runen de waarheid spreken en
maak een eind aan illusie en inertie.

✧ Nu maakt u een cirkel met het vuur van de kaars en zegt u:

Macht van het vuur, laat mijn runen omhoog reizen
zodat ze mogelijkheden kunnen ontdekken
waarvan ik tot nu toe alleen kon dromen.

✧ Sprenkel ten slotte regenwater dat de grond niet heeft geraakt over het zout en zeg:

Macht van het Water, laat mijn runen
genezing en verzoening brengen
voor iedereen die hen werpt.

U hebt nu een driedubbele cirkel van macht en bescherming aangebracht rond uw runen. Laat de runen in de cirkel liggen tot de kaarsen opgebrand zijn en leg ze dan terug in het runenzakje. Ga slapen met de runen dicht bij u. U zult dan dromen van alle mogelijkheden die nog ongeschreven zijn.

De runen

De runenset die we in dit boek gebruiken is gebaseerd op de runen van Northumbria, een latere versie van de Angelsaksische runen. Als u een Angelsaksische set koopt, zal Yr het symbool dragen, maar dat is het enige verschil. De set van Northumbria heeft vier bijkomende runen, onder invloed van het Keltische christendom, maar deze worden niet beschreven in dit boek.

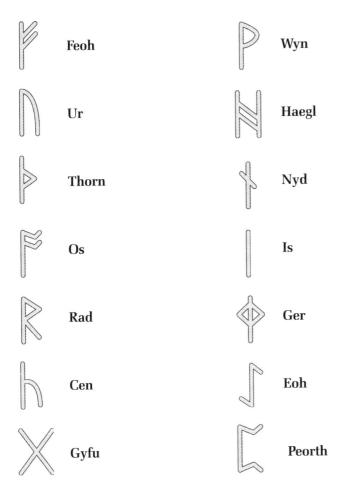

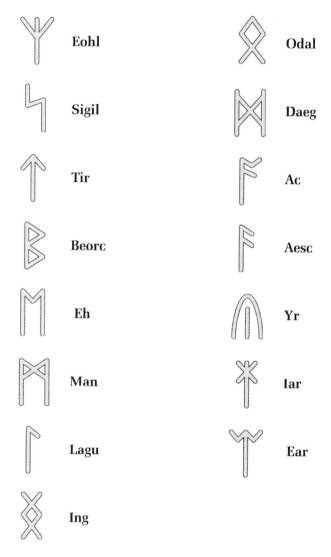

Uw runen tekenen

U kunt al uw runen na elkaar graveren of er een 's morgens en een 's avonds tekenen. Zo creëert u uw systeem rune voor rune. Als u de runen gekocht hebt, houdt u elke rune in de hand. U tekent of schrijft alle indrukken neer terwijl u ze vasthoudt.

- Sluit uw ogen, neem een steen uit de zak en teken de rune met een rode of zwarte stift of verf.

- Als u hout gebruikt, graveer de vorm dan in het hout met een els of schroevendraaier en schilder het symbool dan in de groeven.

- Als dit uw eerste set is, kunt u verkiezen om een tijdelijke te maken met steen en een stift. De magie zit in u, niet in de stenen.

- Oefen elk symbool op papier zodat u het makkelijk, met trefzekere bewegingen op steen of hout kunt aanbrengen.

- Denk ook even na over elk teken en wat het symboliseert. U kunt ook een mantra opzeggen. Feoh bijvoorbeeld, de eerste rune, is verbonden met rijkdom. Daarom kunt u zingen:
Feoh, Feoh, bezorg me overvloed.

- Voor u een rune maakt, zorgt u ervoor dat u in een prettige stemming bent, zodat u de rune associeert met positieve gevoelens.

- Als u het erg druk hebt of als u zich niet zo goed voelt, laat de runen dan een dagje liggen. Voor u naar bed gaat, kijkt u naar een kaarsvlam of brandt u rozen-, geranium- of lavendelolie om uw innerlijke harmonie te herstellen.

- Een vrije dag is uitstekend geschikt om uw runenset te maken. Ga uit van uw eigen wensen en behoeften en neem de tijd.

Uw runen leren kennen

Hier bekijken we de traditionele betekenis van elke rune en de gebieden van het leven waarop ze van toepassing zijn. Nu uw stenen ingewijd zijn, moet u ze ook een voor een kracht geven, of u ze nu gekocht hebt of zelf gemaakt. Strooi op elke rune wat zout en haal ze door de vlam van een rode kaars. Intussen zegt u de mantra die de betekenis van de rune samenvat.

Nadat u een rune gemaakt hebt of erover gelezen hebt, houdt u ze 's avonds bij kaarslicht in uw handen. Laat de beelden en woorden die de rune oproept door u stromen en link elk symbool met uw leven.

Achteraf kunt u enkele van die associaties in een dagboek noteren. Hoe meer u met de runen zult werken, hoe meer indrukken u zult krijgen. Als dat niet zo makkelijk gaat, kunt u het verhaal van de rune vertellen. Daarvoor gebruikt u de beelden die ik uit de oude runengedichten gehaald heb. U kunt de rune ook onder uw hoofdkussen leggen en dromen van de wereld van ijs en sneeuw.

Als u drie of vier runen hebt, kunt u er eentje uit de zak halen en luisteren naar wat ze zegt over uw leven. Zo kunt u het individuele verhaal van elke rune voortzetten. Elke rune is zowel op spiritueel, mentaal als materieel vlak belangrijk. Daarom zijn deze momenten van bezinning essentieel om de runenset tot iets van uzelf te maken.

De blanco zijde van de rune

Elke rune heeft ook een blanco zijde. Die blanco zijde betekent echter iets anders dan de keerzijde van speel- of tarotkaarten. De blanco zijde kan evenveel over uzelf vertellen als de gegraveerde zijde van de rune. Als de rune met de blanco zijde boven op het kleed valt, draai ze dan om en richt rustig uw aandacht op dit gegeven.

Naarmate u zich spiritueel ontwikkelt, zullen onopgeloste zaken, die weerspiegeld worden in deze blanco worpen, spontaan naar boven komen.

Als u kunt ontdekken wat u weerhoudt van een daad, kunt u beslissen om te wachten of u terug te trekken uit een situatie. De blanco zijde kan ook aanzetten tot een bewuste beslissing of confrontatie en u zo helpen om mentale of spirituele blokkeringen te doorbreken. Soms kan het angst of twijfel zijn of is de tijd niet rijp. U kunt dit merken aan het terugkeren van eenzelfde rune. De andere runen kunnen dit verklaren, maar als u twijfelt maakt u met beide handen een kommetje. U houdt de rune vast met de ogen dicht en u laat de indrukken komen; het kunnen beelden, woorden of algemene gevoelens zijn.

Een runendagboek bijhouden

Het is heel handig om een runendagboek bij te houden waarin u elke dag de rune noteert die u uitgekozen hebt. Na enkele dagen zult u een patroon zien ontstaan. Houd uw aantekeningen ten minste enkele weken vol, want u vergeet heel snel de details.

U kunt ook de lezing voor anderen bijhouden en uw eigen betekenissen van bepaalde runen noteren of de gebruikte rituelen, kruiden, oliën, wierook en kristallen bijhouden. Zo zult u een overzicht krijgen van uw leven en beseffen hoe sterk u gegroeid bent op spiritueel vlak. Een schriftje met losse bladen is nuttig, zo kunt u dingen toevoegen en herzien. U kunt ook gebeurtenissen in uw leven die door het runen werpen worden voorspeld, noteren.

Runen op een rij

Runen worden opgedeeld in aettir of acht runen. Elke runenrij wordt geregeerd door een bepaalde godheid of een gemeenschappelijk thema: de aett van Freya, de aett van Haegl, van Tir en van Odin.

DAG 1
Feoh – rijkdom

*Voorspoed, financiële zaken,
de prijs die u moet betalen*

Feoh is de eerste rune in de aett van Freya, godin van de liefde, schoonheid en vruchtbaarheid. De basisbetekenis van Feoh is rijkdom in de betekenis van geld. Vee was in de tijd van de vikingen een betaalmiddel en een teken van rijkdom. Het Engelse woord 'fee' (honorarium) komt van dit woord en betekent dus de prijs die men moet betalen voor gelijk welke daad. Oud-Noordse en IJslandse gedichten waarschuwen terecht dat geld leidt tot strijd onder gelijken. De Oud-Engelse en Angelsaksische gedichten hebben het over de vreugde van materieel comfort, zolang het geld op een verstandige manier gebruikt wordt en gedeeld met anderen.

Feoh lezen

De rune kan een uitgesproken betekenis hebben. Ze kan bijvoorbeeld succes voorspellen voor een risicovol financieel project. Of ze kan duidelijk maken dat u uw financiën moet reorganiseren en meer onder controle moet krijgen. Feoh kan ook verwijzen naar de prijs die u betaalt of moet betalen om uw situatie gelijk te houden of te veranderen. Die prijs kan meer dan materieel zijn. Het kan ook geestelijke rust betekenen of de diepe drang naar vrijheid om uzelf te zijn.

Dat betekent dat u in de toekomst misschien wel financiële risico's moet nemen om uw leven emotioneel of spiritueel te verrijken. Of u moet daarentegen een tijd hard werken om op reis te gaan, een huis te kopen of zekerheid te hebben voor uw kinderen. De meeste vrouwen weten dat er geen tijd of energie is voor spirituele groei als men voortdurend met rekeningen bezig is. Verschillende goeroes die neerkijken op het materiële, blijken een dakappartement te hebben in Parijs of een ranch in Arizona. De toegang tot Feoh is uw weg te zoeken en de prijs daarvoor te betalen.

Verborgen Feoh

Als Feoh met de blanco zijde boven ligt, zijn er onverwerkte zaken op financieel gebied. Geld is een gevoelig punt in relaties: zelfs een geëmancipeerde partner kan het moeilijk hebben met een partner die meer verdient. Misschien deelt u een appartement met een vriend of familielid en zorgt dat voor spanningen. Moeders kunnen soms het gevoel krijgen dat ze een wandelende bank zijn voor hun kinderen, voornamelijk als het om volwassen kinderen gaat die tot hun dertigste thuis blijven wonen en hun eigen geld gebruiken voor feestjes en exotische reizen. Wat het probleem ook is, het is belangrijk dat u ingrijpt voor het een drama wordt.

Er kunnen ook verborgen feiten zijn die u in een situatie houden waar uzelf uit weg wilt. Soms is er een onzichtbaar voordeel in een situatie die voor anderen onwenselijk lijkt. Vrouwen die volwassen kinderen onderhouden (en ik reken mezelf daar ook bij) zijn bang dat ze niet meer nodig zullen zijn als ze de financiële navelstreng doorknippen. Soms blijft een vrouw in een onbevredigende werksituatie werken omdat ze ervan overtuigd is dat zij de enige is die de boel draaiende houdt. Ze vindt dus emotionele compensatie in het gebrek aan praktische en materiële voordelen van het werk.

Bekijk die gebieden in uw leven waar u voortdurend aan het vechten bent om eruit te geraken, maar waar het niet lukt: vraag uzelf af of u echt wilt veranderen. Indien niet, is dat toch een positieve beslissing op zich. We moeten vooral onszelf evalueren en zeker zijn van onze prioriteiten.

DAG 2
Ur – de oeros

Hindernissen overwinnen, overlevingsinstincten en moed

De oeros was een groot, wild en trots dier. De vikingen droegen de hoorns van de ossen op hun helmen, gegraveerd met de Ur-rune. Door associatieve magie kregen de strijders de immense kracht van het dier. De laatste oerossen graasden in 1627 op de vlakten van Noord-Europa.

De Oud-Noordse en IJslandse runengedichten verhalen over het harde leven van de herders en de loutering door het lijden. Ze gebruikten daarbij beelden van ijzer en hindernissen die overwonnen worden met kracht en uithouding. In het Angelsaksische gedicht wordt de oeros beschreven als moedig, zonder angst en beperkingen.

Dit is dus niet de rune van de voorzichtige maagd die wacht op haar ridder in glanzende gevechtskledij om de draak te verslaan. Het is het teken van de strijder die stoutmoedig de strijd aangaat, zwaaiend met een bloederige bijl.

Ur lezen

Ur staat voor primaire kracht en moed. Het stelt ons in staat te bereiken wat we willen en helpt ons hindernissen te overwinnen. We zullen in onze tijd wellicht geen aanstormende kuddes oerossen moeten trotseren, maar we hebben kracht en vastberadenheid nodig om ons staande te houden. Als u Ur gooit, zult u wellicht tegenstand moeten overwinnen of vechten voor wat u wilt bereiken.

De meeste vrouwen zijn sterk in crisissen en overwinnen elke tegenslag of gevaar om hun geliefden te beschermen. Toch veroorzaken deze sterke vrouwen vaak angst bij mannen die twijfelen aan hun mannelijkheid. Meestal zijn dat, merkwaardig genoeg, de machomannen die we kennen. Ur is de rune van de extreme inspanningen. Als u een droom waar wilt maken en bereid bent er alles voor te doen, zal Ur ervoor zorgen dat u daarin slaagt.

U zult misschien sterk moeten zijn in een situatie waar anderen twijfelen: misschien is er een familiecrisis of moet u optornen tegen iemand op het werk die u dwarsboomt of u veranderingen wil opdringen. Misschien moet u hard zijn tegen uw partner, kind of vriend die een tegenslag heeft en er opnieuw tegenaan moet. Misschien moet u er zelf op uit trekken en uw angsten en vermoeidheid overwinnen.

Verborgen Ur

Dit gaat over het obstructieve aspect van deze rune. Vraag uzelf af of u echt die reis wilt maken, wilt verhuizen of het verhaal publiceren dat u zo graag hebt geschreven. Wilt u de man van uw dromen ten huwelijk vragen of wilt u scheiden? Het zijn allemaal hints van een verborgen Feoh die vaak gepaard gaat met een verborgen Ur. Hoe vaak zeggen we niet dat we aerobic- of computerles gaan volgen of promotie willen vragen? Al te vaak stellen we dat uit tot de kinderen groter zijn, het weer beter is of het huis opnieuw ingericht. We kunnen ons rijbewijs niet halen, naar Tibet vertrekken of zondagen voor onszelf houden wegens het vele werk. Of omdat we een afspraak hebben voor een etentje, een familielid moeten bezoeken of tennisspelen. Mijn eigen lijstje met 'Dit moet ik nog doen' loopt nu al tot in de volgende eeuw. Soms zijn er echter reële obstructies – en hier komt de positieve kracht van Ur in het spel.

Het is mogelijk dat we onbewust zelf het ene obstakel na het andere veroorzaken omdat we diep in ons hart bang zijn om te falen. Of we willen niet echt van job veranderen of verhuizen, maar doen het toch onder druk van de verwachtingen van anderen. Het komt erop neer een eerlijke beoordeling te maken. Als u bang bent van wat anderen zeggen of van hun afkeuring, roep dan de kracht van Ur in om uw leven te veranderen. Maar, als u tevreden bent met uw leven, aanvaard dan de druk niet om een bepaalde standaard te halen die niet in overeenstemming is met uw eigen visie op het leven. Als u niet hevig verlangt naar een andere levensstijl, geniet dan van uw leven zoals het is. U hebt dan waar anderen hevig naar verlangen: oprechte tevredenheid.

DAG 3
Thorn – de hamer van Thor

Bescherming, uitdagingen, geheimhouding en conflicten

Thorn wordt geassocieerd met een ander hard beeld, dat van de doornbomen, hoewel doornen ook een beschermende functie hebben tegen aanvallers. Braamstruiken en meidoorn worden al van oudsher gebruikt om gronden af te bakenen. Ze groeiden ook traditioneel in grote delen van Europa rond de huizen van mensen die met magie bezig waren. Thorn kreeg daardoor ook de bijkomende betekenis van geheimhouding.

In voorchristelijke tijden was het teken van de hamer een heilig symbool voor bescherming en werd de Thorn-rune getekend om gelijksoortige krachten op te roepen. In de Oud-Noordse en IJslandse gedichten wordt Thorn geassocieerd met de Thurs, een legendarische reus. Thurisaz is trouwens de Oud-Noordse naam voor deze rune. Er waren verschillende groepen van ijsreuzen die met de goden vochten. Thorn is een rune van uitdaging voor wie verandering wil of tegen tradities wil ingaan.

Het Angelsaksische runengedicht is wellicht het beste voorbeeld van hoe we deze rune moeten zien. Het verhaalt hoe wreed het is om op de doornen te liggen, die te scherp zijn om vast te nemen. Maar het geeft wel bescherming aan de kwetsbare vrucht of bloem aan de struik of boom.

Thorn wordt ook geassocieerd met Thor, de god van de donder en moed, die Asgard, het rijk van de goden, beschermde tegen de ijsreuzen. Thor had een magische hamer, Mjöllnir, die altijd terugkeerde als hij ermee geslagen had. Behalve als strijdmiddel tegen de ijsreuzen, werd de hamer ook gebruikt als heilig symbool bij huwelijken, geboorten en begrafenissen. De traditie van de huwelijken in de smidse van Gretna Green in Schotland is een weergave van deze oude symboliek.

Thorn lezen

Het uitdagende aspect van Thorn springt het meest in het oog, maar dan wel in positieve zin. Misschien moet u wel het status-quo op het werk te lijf gaan of een geliefde confronteren met gedrag dat kwetsend of destructief is. Als u van nature een vredelievend iemand bent, zult u het wellicht moeilijk vinden om onrechtvaardigheid aan te vechten. U wilt er vooral niet moeilijk over doen als andere mensen er – wellicht uit eigenbelang – op aandringen.

Het geheime aspect kan naar voren komen als u officiële diensten wilt uitdagen, lastige tieners of een gesloten partner wilt aanpakken. Misschien wil die persoon u niet verontrusten. Toch is het beter om de zaak in de openbaarheid te brengen en het probleem op te lossen, door gebruik te maken van de primaire kracht van Ur. Wellicht zult u een muur van eigenbelang moeten doorbreken. Wees dus voorzichtig als u de hamer van Thor gebruikt.

Anderzijds is het mogelijk dat u uw geliefden wilt beschermen en komt de moeder wolvin in u naar boven om bijvoorbeeld een kwetsbare collega, kind of partner te beschermen die aangevallen wordt. Soms is het voldoende om er gewoon voor iemand te zijn.

Verborgen Thorn

Hoeveel succes we ook hebben in de maatschappij, we hebben allemaal een kwetsbare kern en kunnen makkelijk geraakt worden door hatelijkheden van de ander. Meestal gaat het om kleine zaken, maar die kleine wonden en onrechtvaardigheden kunnen leiden tot doornen die volledig buiten verhouding zijn. Vrouwen absorberen de boosaardigheid en woede van anderen en drinken, eten en roken soms te veel om letterlijk hun verbolgenheid te verzwelgen. Stress kan de oorzaak zijn van migraine, nekpijn en allergieën.

Daarom is het belangrijk om u te beschermen tegen negatieve krachten. Dat kan door de hatelijkheid terug te sturen naar diegene die uit eigenbelang of kwaadaardigheid handelt. Niet om hem of haar te kwetsen maar om uzelf te beschermen. 'Nee' en 'Ik zal het niet vergeten' zijn woorden die vrouwen soms moeilijk kunnen uitspreken tegen vrienden, familie of onnadenkende collega's. Ze vinden het ook moeilijk om te weigeren om te babysitten als ze een weekendje uit hebben gepland of over te werken als alle collega's al lang naar huis zijn. Misschien bent u het slachtoffer van roddels of kritiek 'in uw belang' van iemand die jaloers is op uw succes of geluk. Of misschien verbergen ze hun onzekerheid door persoonlijke fouten op u te projecteren. Wat de oorzaak ook is, het doet pijn – en u hoeft dat niet in stilte te dragen.

DAG 4
Os – de mond van Odin

*Inspiratie, wijsheid,
idealen en communicatie*

Dit is de Vaderrune, de rune van Odin, de oppergod. Odin was wanhopig om de wijsheid en kennis te verwerven van de oudere orde van reuzen. Hij ruilde een oog voor wijsheid en verwierf de kennis van de runen door zich op te offeren aan de Wereldboom. Zo kreeg hij de gave van de goddelijke uitdrukking. Een deel van het geschenk viel op aarde en inspireerde de sterfelijke dichtkunst. Af en toe begunstigde Odin een sterveling of een van de andere goden en deelde hij mee in zijn gave.

Het Oud-Noordse runengedicht heeft het over 'de monding'. Die staat symbool voor communicatie als essentieel middel om inspiratie om te zetten in realiteit. In het Angelsaksische gedicht is de mond oorsprong van elke taal en pijler van de wijsheid. Het waarschuwt ook dat we onze woorden moeten wegen voor we spreken.

Os lezen

U hebt iets belangrijks te vertellen, mondeling of schriftelijk. Dit is het moment om een positief antwoord te krijgen. Dat kan door dialoog en overtuiging, niet door onafhankelijk handelen en dwang. Aangezien de rune ook verband houdt met idealen en principes, is het onderwerp dat op tafel ligt van cruciaal belang. Elk deel van een toekomstplan moet grondig onderzocht worden, vooral als er anderen bij betrokken zijn, om later misverstanden te vermijden.

Aangezien Odin de god van de muze is, is de tijd rijp voor een literair of artistiek project, zowel voor amateurs als professionele mensen.

Os is de rune van de wijsheid. Misschien moet u wel op zoek naar wijze raad. Dat kan door een traditionele bron te raadplegen, zoals boeken. Of u kunt uw gevoelens en gedachten meedelen aan een expert.

Bovenal is Os de rune van de inspiratie. Dus zult u een bijzonder geïnspireerde periode van uw leven beginnen met een tomeloze energie en originele ideeën. Het is een uitstekend moment om u spiritueel te ontwikkelen. U zult ondervinden dat uw psychische ontwikkeling spontaan, en tot uw tevredenheid er snel op vooruit gaat.

Verborgen Os

Wellicht slaagt u er niet in om uw echte gevoelens en verlangens uit te drukken. U zit vast in een dialoog die uit uw kindertijd stamt. Het is makkelijker om niet te luisteren naar wat er echt wordt gezegd maar alleen afkeuring en kritiek te verwachten. U luistert naar een herhaling van stemmen uit het verleden. Misschien horen we wel de woorden van een ouder die teleurgesteld is in zijn of haar leven. Of een leraar die kinderen bedreigend vond, een hatelijke ex-partner of -geliefde, jaloerse collega's uit een tijd dat we nog te jong waren en dachten dat het probleem veroorzaakt werd door onze tekortkomingen en niet door de behoefte van anderen om ons zelfrespect aan te vallen. Veel vrouwen zijn gevoelig en bezig met de reacties van anderen. Daardoor kunnen ook minder belangrijk lijkende afkeuringen wonden slaan en verhinderen dat we onze behoeften en gevoelens van nu uiten.

DAG 5
Rad – het wiel

Reizen, verandering, actie, levenscycli, initiatief en impulsen

Dit symbool werd in het pre-runensysteem afgebeeld als het zonnewiel. Het draaide in de hemel in cycli van dag en nacht en in het zonnejaar. Rad vertegenwoordigt ook het wiel aan de wagen van de vruchtbaarheidsgoden. Die gaven nieuw leven aan de velden (zie ook bij de rune Ing). Ten slotte wordt Rad ook geassocieerd met de sterrenbeelden rond de kosmische as.

Rad is volgens het noordse runengedicht de rune van de lange en gevaarlijke rit, de 'ergste voor de paarden'. Het gedicht verwijst ook naar het beste zwaard, gesmeed door Regin, de wijze dwerg. Regin maakte voor de jonge held Sigurd een zwaard met de stukken van het zwaard van zijn vader. Dat zwaard was zo krachtig dat het nooit meer kon breken. Sigurd trok met dit wapen ten strijde om de dood van zijn vader te wreken. Actie en onzekerheid maken deel uit van het leven. Dan is het goed om, net als Sigurd, er goed voorbereid op uit te trekken. Het Angelsaksische gedicht schetst het contrast tussen het gemak waarmee de oude strijders in hun zalen spreken over behaalde overwinningen, terwijl het buiten sneeuwt.

Rad lezen

Rad geeft aan dat het tijd is voor actie en verandering. Het is tijd om al uw plannen en voorbereidingen om te zetten in daden. Mogelijk lijkt dit niet het juiste moment – want dit is de rune van sneeuw en hagel buiten. Toch kunnen we niet altijd wachten op de perfecte omstandigheden. Misschien moet u wel een reis ondernemen of een initiatief nemen om nieuwe impulsen in uw leven te brengen. Dit is een zeer opwindende rune; nieuwe ideeën borrelen op en kunnen een andere wending geven aan uw privé- of professioneel leven.

Oppositie tegen uw plannen om te veranderen is mogelijk. Als een man tegen zijn vrouw zegt dat ze nooit mag veranderen, uit hij zijn eigen onzekerheid. Een oudere vrouw kan het als erg benauwend ervaren als haar man met pensioen gaat. Hij verwacht dat ze thuis bij de haard blijft. Voor haar is dit het moment om bepaalde verantwoordelijkheden los te laten. Ze wil de wereld verkennen, een winkel openen of naar de universiteit gaan. Kinderen kunnen ook verrassend behoudend zijn als een moeder of grootmoeder plannen maakt waar zij niet bij betrokken zijn.

In de gezellige warmte van de ridderzaal blijven en luisteren naar oude verhalen, kan fantastisch zijn. Voor de eerste keer het ouderlijk nest verlaten, een beperkende relatie stopzetten of nieuwe wegen inslaan naar meer geluk; het kan allemaal bedreigend zijn. Zodra de verandering in gang is gezet, nemen de stimulansen toe en vrij snel bent u op weg naar een nieuw leven.

Verborgen Rad

Deze rune stelt de volgende vraag: 'Wie zet u aan om te veranderen?' Als het iemand anders is die uw toekomst uitstippelt, is het belangrijk te weten of u dit werkelijk wilt. Veel ouders hebben met de beste wil van de wereld hun kinderen in een bepaalde carrière of huwelijk gedreven. Daarbij proberen ze hun eigen onvervulde wensen waar te maken. Het is makkelijk om de weg van de minste weerstand te bewandelen. We volgen onze partner voor een job naar de andere kant van het land of verhuizen om te zorgen voor ouder wordende familieleden. Soms slagen we erin te veranderen in onze vertrouwde omgeving. Als u dan toch een kans laat liggen, wees er dan zeker van dat u dat zelf beslist en niet iemand anders.

DAG 6
Cen – de toorts

*De innerlijke stem, inspiratie,
innerlijke vlam,
hulp in moeilijkheden*

Cen is een van de vuurrunen. Het is het vuur dat in de grote ridderzalen, maar ook in de gewone huizen brandde en aangestoken werd met dennenhout dat ingestreken was met hars. Het Angelsaksische gedicht heeft het over de toorts die brandde 'waar koninklijke en nobele lieden in de zaal rusten'.

De toorts gaf niet alleen licht, maar diende ook om het vuur in de smidse en de haard aan te steken en lijken te verbranden. Soms werd het ook gebruikt om het Nyd-vuur (de rune Nyd) tijdens het grote zonnefeest aan te steken. Zonder de toorts is er duisternis; zonder de innerlijke vlam, leegte.

Ook het andere aspect van het vuur is aanwezig: het brandende, reinigende aspect, zowel de heilige als de vierende vlam. Het is dit reinigende effect dat de Oud-Noordse en IJslandse gedichten benadrukten.

Het is het kosmische vuur van Muspelheim in het zuiden dat in aanraking kwam met het ijs van Niflheim in het noorden bij de schepping van de noordelijke wereld. Het vernietigde de oude orde van de goden, de Aesir en de Vanir. Zijn alter ego is Haegl, de rune van hagel en het tweede element in de schepping. Als deze runen voorkomen in een lezing, als de runen van het vuur en het ijs samenkomen, geeft dat een fusie van tegenstellingen aan.

Cen lezen

Cen geeft aan dat u een beslissing moet nemen, zonder dat u weet in welke richting. Wellicht zijn er contrasterende meningen over welke weg u moet inslaan, of wil iemand u misleiden. Als u twijfelt over de juiste weg of daad of advies, hoe overtuigend uw raadgever ook mag zijn, luistert u het best naar uw sterke innerlijke stem.

Geloof in uzelf en uw eigen wijsheid die u verwerft bij het lezen van de andere runen. Wegens hun intuïtie hebben vrouwen makkelijker toegang tot deze innerlijke bron van wijsheid, maar twijfelen ze vaak aan hun kunnen. Denk aan de vele keren dat u naar uzelf hebt geluisterd, uw eigen raad hebt opgevolgd en het positieve resultaat. Dat zal uw vertrouwen in deze machtige innerlijke bron versterken.

Aangezien Cen een vuurrune is, is het ook een symbool van verlichting. Het kan een oplossing bieden voor een probleem dat al lang aansleept of uw ogen openen voor andere mogelijkheden die u niet zag. Het antwoord kan komen als u wandelt, u ontspant of als u droomt of in een vuur kijkt – ja, zelfs het vuur van de barbecue. U zult er beelden zien die u verder op weg helpen.

U zult een nieuwe bron van hulp en inspiratie vinden. Misschien komt er een nieuwe persoon in uw leven of ervaart u een bijzondere wijsheid en kennis in een persoon in wie u dat vroeger niet zag. Die steun kan leiden tot meer begrip en nieuwe wegen openen.

Verborgen Cen

In deze moderne wereld is het moeilijk om te luisteren naar onze innerlijke gids. We vallen makkelijk terug op de hulp van deskundigen, zoals helderzienden, psychologen en financiële raadgevers. Ook al kan hun raad waardevol zijn, toch is het belangrijk om uw eigen leven niet uit handen te geven. Meer en meer dokters geloven dat moeders weten wanneer hun kind ernstig ziek is. Alle vrouwen hebben die vaardigheid. We kunnen dus voor ons eigen welzijn zorgen.

Een verborgen Cen vertelt u dat u twijfelt aan uw eigen oordeel. U steunt op anderen om te weten welke weg u moet volgen en of u juist handelt.

Welke beslissing u ook moet nemen, waar u ook over moet nadenken of welke argumenten u ook moet afwegen; het is belangrijk dat u elk bewust denken even uitschakelt. De profetes in Cumae in het oude Rome was een wijze vrouw. Ze schreef de antwoorden op eikenbladeren en liet ze dwarrelen in de wind zodat ze helemaal door elkaar raakten. Stop alle activiteiten en drukte, trek u terug in de stilte en, het belangrijkste, heb geduld. Verborgen Cen wijst erop dat u niets mag doen of zeggen tot het antwoord vanzelf komt, zoals de toorts licht in de duisternis brengt.

DAG 7
Gyfu – het geschenk

Vrijgevigheid, alles wat met uitwisselen te maken heeft, inclusief contracten, liefde, huwen en seks

Gyfu is de rune van het delen met anderen en van de eenheid, in liefde of seks, of formeler het huwelijk. Het kan ook de welwillendheid van een hogere bron vertegenwoordigen die u een tastbare zegen verleent of kennis en inzicht verschaft. Het betekent ook de uitwisseling van gunsten of informatie.

Deze rune wordt niet vermeld in de Oud-Noordse en IJslandse gedichten. Het Angelsaksische gedicht vertolkt een christelijke versie van de zegening van het geven of krijgen als men in nood is. Door de geschiedenis heen leidde een gift tot een relatie met wederzijdse verplichtingen. Gyfu veronderstelt dus in een relatie een eerlijke en attente houding bij beide partijen. Gastvrijheid en altruïsme werden sterk gewaardeerd bij de noordelijke volkeren. In de feodale samenleving waar de familie centraal stond, kon een rijke persoon met aanzien meer status verwerven als hij land en dieren schonk aan een arme. Dit is nog een aspect van Gyfu in het Angelsaksische gedicht.

Gyfu lezen

Gyfu wordt vaak de vrouwenrune genoemd en is verwant met de kaart van de keizerin in het tarot. Vrouwen, of ze nu deel uitmaken van een gezin of niet, zijn van nature gevers – zowel van tijd, zorg als materiële zaken – tegenover iedereen met wie ze in contact komen.

Als Gyfu verschijnt, betekent dat dat het tijd is om bestaande relaties te versterken en nieuwe te verdiepen. Een grotere betrokkenheid, passie, meer tevredenheid door het geven en krijgen van liefde en wederzijds geluk zijn het resultaat. Als de vragensteller ongebonden is, zal hij of zij emotionele tevredenheid verwerven door nieuwe vriendschappen te smeden of iemand te helpen die in nood of zwak is. Dat op zich kan leiden tot nieuwe vriendschappen. Als u iemand die in nood is of zorg behoeft helpt, krijgt u dat in de loop van de maanden driedubbel terug. Geschenken en feesten zullen u plezier bezorgen.

Kinderen en dieren, of het nu de uwe zijn of van iemand anders, zijn ook een bron van tevredenheid. Dit is een van de meest positieve runen, vooral na een emotionele opdoffer of een periode van eenzaamheid. Het is de rune van de eenheid die verzoening en nieuwe vriendschappen brengt.

Onthoud ook dat, zoals het Angelsaksische gedicht zegt, krijgen even creatief is als geven. Bekwame, zorgende vrouwen hebben het soms moeilijk om hulp te aanvaarden of toe te geven dat ze ziek of bezorgd zijn. Het grootste geschenk dat een moeder aan haar kind kan geven, is het herkennen en lenigen van de noden bij anderen, beginnende met haar eigen noden.

Succesvolle carrièrevrouwen kunnen, als ze zich nooit kwetsbaar tonen, de anderen de indruk geven dat ze tekortschieten. Te weinig geven is even erg als te veel geven.

Verborgen Gyfu

Omdat Gyfu zo'n positieve rune is, is ook haar schaduwkant krachtig. We kennen allemaal vrouwen die alles aan hun familie geven en zich verongelijkt voelen omdat niemand hen dankbaar is. Niettegenstaande het gelijke-kansenbeleid toont de reclame nog steeds de moeder, minnares of vrouw met de eeuwige glimlach. Het is de vrouw die appeltaart bakt, een bank runt, mediteert en elke dag gaat turnen; gepassioneerd, inlevend is en een superzachte kern heeft, hoe intelligent en competent ze ook mag zijn.

We voelen ons schuldig en gaan over onze grenzen om toch maar die goedkeuring te verkrijgen van onze moeders, schoonmoeders, bazen en leraren. We willen met onze 'witter-dan-wit-was' zelfs de bewondering van onze buren krijgen. Verborgen Gyfu valt bij vrouwen soms samen met verborgen Nyd (de rune van de behoeften). Op een keer vertelde een schijnbaar succesvolle schrijfster die gehuwd was met een rijke zakenman die van haar leek te houden dat ze 'aan anderen geeft wat ze zelf nodig heeft'. Twee jaar later was ze gescheiden. Het is belangrijk om aan uzelf ook het geduld, de vriendelijkheid en zorg te geven die u aan anderen geeft.

DAG 8
Wyn – vreugde

*Persoonlijk geluk,
succes en erkenning van kwaliteit*

Wyn staat voor het geluk waar we zelf voor zorgen, en niet de ander. Het is nuttig voor hen die behoefte hebben aan succes of een tastbare beloning willen voor geleverde inspanningen. Voor de vikingen betekende geluk genoeg te eten hebben, een dak boven het hoofd, rijkdom en deel uitmaken van een familie. Daar hoorde ook de tevredenheid bij na de inspanning van het ontdekken en veroveren van onbekende gebieden. Deze rune komt alleen voor in het Angelsaksische gedicht, dat een gelukkig man afbeeldt als een die 'macht heeft en gezegend is' en weinig zorgen heeft.

Een andere vertaling is duidelijker en stelt dat wie het hard te verduren heeft, geluk neemt zoals het komt. Die vindt vreugde door eigen daden, en verwacht geen geschenken van het leven.

Wyn lezen

Wyn is een van de meest fortuinlijke runen; ze is de rune van de vreugde. Ook al kunnen anderen ons gelukkig maken en kan geld ons leven vergemakkelijken, we bereiken pas het echte geluk als we onze eigen bestemming vinden. Dat kan reizen zijn, mooie objecten maken, zonnebloemen zaaien, een gezin grootbrengen of onze innerlijke wereld verrijken. Of een combinatie van dit alles en veel meer. Deze rune is de andere zijde van Gyfu. Samen vormen ze een geheel, de anderen en ons zelf. Wyn heeft het over het individu, het aparte zelf, ook al zijn onze relaties bevredigend en werken we met anderen aan een gemeenschappelijke visie.

Wyn duikt op als we voor een natuurlijke verandering of op een kruispunt in ons leven staan. We beseffen dat zowel plezier als verantwoordelijkheid, spirituele, emotionele bevrediging als materieel comfort noodzakelijk zijn voor een gelukkig leven. U hebt wellicht bepaalde verantwoordelijkheden afgestoten of u bent dat van plan. Misschien bent u tijdelijk alleen en voelt u de behoefte om op ontdekking te gaan naar uw innerlijke zelf. Mogelijk oogst u de vruchten van uw werk of inspanningen in de nabije toekomst (zie ook bij de rune Ger).

Verborgen Wyn

Uw identiteit is vervaagd door een intense liefde of door moeilijkheden in een relatie. Of u hebt, zoals zoveel vrouwen, al uw energie besteed aan de noden van anderen, zodat u niet meer weet wat u prettig vindt. Op het werk, thuis en bij vrienden bent u altijd de opgewekte persoon die het iedereen naar de zin maakt, terwijl u achterblijft met hoofdpijn. Misschien werkt u zo hard om een lening af te betalen of om een belangrijk project in uw bedrijf of carrière te doen slagen, dat u niet meer weet hoe te ontspannen of dat u zich schuldig voelt als u aan het genieten bent.

Het komt erop aan opnieuw in evenwicht te komen; te zijn en niet te doen; te dromen, niet te praten of te handelen. Doe iets, hoe klein ook, om uzelf gelukkig te maken en ontdek de kleine dingen die het leven de moeite waard maken.

De runen werpen

Nu u kennisgemaakt hebt met de eerste reeks runen, kunt u starten met de worp op een stuk stof. Met een klein aantal runen is het moeilijk om een representatieve lezing uit te voeren. Toch is het mogelijk om met de eerste acht runen een inzicht te krijgen in een specifiek onderwerp of vraag: de betekenis van de worp, de plaats waar de runen terechtkomen op de doek, of ze met de blanco of gemarkeerde zijde neerkomen en ten slotte of ze in een groep neervallen of apart – allemaal belangrijke zaken.

Een mogelijke manier om runen te werpen en te interpreteren is met de cirkelmethode, die hierna beschreven wordt. De verschillende gebieden op de doek zijn anders, maar de manier van werpen is gelijk aan andere systemen. De betekenis van de cirkels in de verschillende systemen is vrijwel identiek. Als u leert werken met runen en met kristallen, zult u zien dat er overeenkomsten zijn tussen de betekenis van specifieke kristallen en runen.

Elk gebied van de doek vertegenwoordigt een ander niveau van ervaring. Door de runen die in een bepaald gebied vallen te interpreteren, begrijpt u de relatie tussen de stenen beter en kunt u nauwkeurig bepalen welke gebieden van uw leven positieve energie en input nodig hebben.

- Werk het liefst tijdens een heldere nacht en zoek een plekje in het maanlicht uit om uw runen te werpen. De volle maan is bijzonder krachtig voor het maken van runen. Als de maan niet zichtbaar is, kunt u rode kaarsen aansteken op de vier windrichtingen van een kompas. Een sfeerlamp kan voor extra licht zorgen.

- Kies een doek uit van 50cm x 50cm in een bleke kleur. Wit is uitstekend en gebruikelijk en u ziet er de runen goed op. Een gewone vierkante sjaal is ideaal.

- Bepaal het midden van de doek en teken drie concentrische cirkels met een rode stift. U kunt daarvoor borden gebruiken: een theescholteltje voor de kleinste cirkel, een dessertbord voor de middelste en een groot bord voor de grootste cirkel. U kunt ook een passer gebruiken. Zolang u een strook van 10 cm hebt buiten de grootste cirkel is het goed. De eerste cirkel moet een radius hebben van ongeveer 6,5 cm, de tweede ongeveer 12,5 cm en de grootste 18,5 cm.

- Probeer het eerst uit op papier tot u de cirkels goed kunt tekenen. Gooi ook eens de runen om te zien of de afmetingen ook in de praktijk werken. U kunt een doek maken voor uw eigen worpen en een voor anderen. Rood is de traditionele kleur voor het werken met runen, maar u kunt ook een andere kleur gebruiken.

- U kunt ook met rode draad rond elke cirkel stikken. Op die manier visualiseert u de wijsheid en intuïtie van de maan op uw doek en laadt u hem met positieve energie.

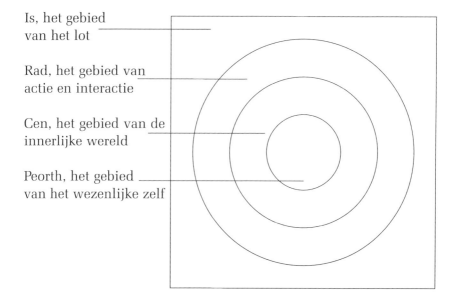

Is, het gebied van het lot

Rad, het gebied van actie en interactie

Cen, het gebied van de innerlijke wereld

Peorth, het gebied van het wezenlijke zelf

Peorth, de cirkel van het wezenlijke zelf

Peorth is de rune die correspondeert met de onveranderlijke kern in u, die u tot een unieke persoon maakt. Zijn bijkomende betekenis is het lot en verwijst naar het lot dat uzelf in handen hebt op basis van uw unieke zelf.

De binnenste cirkel staat voor de belangrijkste zaken in het leven en fundamentele overtuigingen. Het is de essentiële persoon die u was als klein kind, voor de wereld vat op u had. Het is de kern die zo goed als onveranderd blijft gedurende alle fasen van uw vrouwzijn. Deze cirkel legt de grenzen vast van uzelf, het individu, als opponent van u en uw geliefde, u en uw familie, vrienden of collega's. Het is de persoon die u bent als iedereen weg is of gaan slapen. De persoon die ergens alleen zit, maar niet eenzaam is, uw volledige en aparte zelf, lichaam, geest en ziel.

Runen die in deze kring vallen zijn zeer belangrijk voor de nabije toekomst, maar ook op langere termijn. Ze staan voor individuele actie en een originele oplossing.

Hier liggen uw onaangesproken mogelijkheden, uw persoonlijke blauwdruk van uw wereldlijke, intellectuele en spirituele ontwikkeling. Dit is een geleidelijk proces dat beïnvloed wordt door omstandigheden en door de anderen, maar dat uw hyperpersoonlijke stempel blijft dragen.

Door deze persoonlijke mogelijkheden te ontwikkelen en niet de anderen of blind het lot te volgen, zult u automatisch hogere niveaus van bewustzijn bereiken. U zult diepere vreugde ervaren en inzicht krijgen in vrij banale gebeurtenissen. U begint de patronen van het bestaan te begrijpen en vindt uw eigen plaats in dit onderling verbonden universum.

Als de runen hier vaak met hun blanco zijde naar boven vallen, bent u wellicht het contact met uw ware zelf verloren. U past zich te veel aan de verwachtingen van anderen aan. U hebt tijd nodig om te zijn, eerder dan te doen en u hebt ruimte nodig om opnieuw aanknoping te vinden met uw centrum.

Cen, de cirkel van de innerlijke wereld

Cen is de rune van de innerlijke vlam en stem die in verbinding staat met de innerlijke wereld van dromen en inzichten. De middelste cirkel is de cirkel van de gedachten en gevoelens, waar het bewuste en onbewuste elkaar ontmoeten. Intuïtie en rede werken er harmonieus samen; de linker- en rechterhelft van het brein worden er tot een geheel geïntegreerd.

Runen die hier terechtkomen stellen dat het tijd is om plannen te maken en naar uw dromen te luisteren. Die kunnen wellicht oplossingen bieden en nieuwe paden aangeven. Ons brein is altijd aan het werk, net als uw psychische antenne. Die is op zoek naar mogelijkheden en diepgewortelde verlangens die zich willen verwezenlijken in specifieke plannen of noden. Niet meteen, maar in de komende weken of maanden.

Dit is het gebied dat het minst beperkt wordt door tijd en ruimte. U kunt er repeteren, successen bereiken, gevechten winnen en onbekende processen meester worden. Uit de mysterieuze en onaangesproken mogelijkheden van de geest en psyche kunt u macht halen om uw dromen en verlangens te realiseren. De geest en psyche maken daarbij gebruik van visualisering (gefocuste verbeelding) en mantra's (geconcentreerde uitingen van intentie).

Onze innerlijke stem kan de beste gids zijn voor onze daden, als we er maar naar luisteren. Ze kan oppervlakkige en tegengestelde adviezen filteren. Dat kunnen adviezen zijn uit het verleden of meningen van mensen rondom ons. Onze innerlijke stem kan ons wijzen op mogelijke gevaren, zoals onbetrouwbare personen of situaties die op het eerste zicht betrouwbaar lijken. Aan de andere kant kan deze stem ook geruststellend klinken als de toekomst er onzeker uitziet.

Runen in deze cirkel kunnen de juistheid van onze beslissingen versterken. Ze scheiden onze natuurlijke wijsheid van onze angsten die de verbeelding en het denken blokkeren.

Blanco runen kunnen erop wijzen dat u te veel op de meningen van anderen terugvalt en aan uw eigen oordeel en wijsheid twijfelt.

Rad, de cirkel van actie en interactie

Rad is de rune van het wiel en van alle beweging. Dit is de ideale rune om het gebied van actie en interactie te vertegenwoordigen. Niet alleen de relaties met partners en minnaars, maar ook met familie, vrienden, collega's en de overheid.

In deze cirkel runen gooien betekent interactie met anderen. Communiceren, onderhandelen, anderen overtuigen van uw mening of actie ondernemen. En dat alles zonder de innerlijke persoon van de eerste cirkel en de dromen van de tweede cirkel uit het oog te verliezen. Het is het gebied van het omzetten van plannen en ideeën in concrete daden, maar ook van vooruitgang op materieel gebied, persoonlijk geluk en het oplossen van problemen.

Een nieuw project starten, een nieuwe fase van uw leven, een relatie beginnen of beëindigen, een boek naar een uitgever sturen, een vakantie plannen of lenteschoonmaak houden, 18 of 80 jaar oud: het leven roept. U moet elke mogelijkheid om nieuwe ervaringen op te doen aanpakken. U moet nieuwe mensen ontmoeten, nieuwe activiteiten ondernemen en uw lat hoog leggen, zeker als u een aantal gemarkeerde runen in deze cirkel hebt geworpen.

Verborgen runen in uw cirkel van actie betekenen dat het tijd is voor een grote schoonmaak. U zult lasten, die u niet langer hoeft te dragen maar uit gewoonte op u neemt, van u af moeten schudden. Denk eens na welke veranderingen u gelukkig zouden maken. Ook al zijn uw mogelijkheden beperkt, probeer elke dag een stap te zetten in de richting van het doel dat u nastreeft.

Is, het gebied van het lot

Alle runen die buiten deze drie cirkels vallen, komen in het gebied terecht van Is, het gebied van het ijs en de toekomst.

Is, of ijs, was het vijfde element in de vikingwereld. Het is een machtige rune die de zaken vertegenwoordigt die nu nog buiten uw wereld liggen. Op het juiste tijdstip zullen die in uw leven komen. Na jaren ervaring heb ik de interpretatie van dit gebied gewijzigd. Lange tijd las ik zowel de runen die op de tafel of de vloer terechtkwamen als degene die in de cirkel van Is vielen. Het is beter om de runen die naast de doek vallen buiten beschouwing te laten.

Nu vervang ik elke rune die naast de doek valt door een andere. Die kan gelijk waar terechtkomen en net als andere factoren de lezing beïnvloeden. Hoe meer runen er nodig zijn om de worp van drie, zes of negen runen uit te voeren, hoe beweeglijker de situatie. U zult dan vaak een tweede worp moeten doen in de volgende dagen om te weten te komen wat er op til is in uw leven.

De runen die buiten de drie cirkels vallen, maar in het segment van Is vallen, zijn van groot belang.

Bij de vikingen betekenden ijs en sneeuw dat men niet op reis kon. Het was wachten tot het ijs smolt en aansterken tot de lente kwam. Wij kunnen met onze centrale verwarming en elektrische verlichting dag en nacht leven. Er is nauwelijks nog onderscheid tussen zomer en winter. Ons lichaam en onze geest hebben behoefte aan de donkere dagen om te rusten en te slapen. Dat is vooral belangrijk op spiritueel vlak.

Het gebied van Is toont aan wat binnenkort zal veranderen in het leven van de vragensteller. Runen in dit gebied betekenen dat het beter is om niet actief te zijn. U wacht tot het ijs smelt en de gebeurtenissen spontaan optreden die uw toekomst kunnen beïnvloeden. Dit is wellicht een van de moeilijkste gebieden. Een langverwachte verandering, op het werk of thuis, of een verlangen om met een schone lei te beginnen, moet uitgesteld worden. Dit is niet het moment om te veranderen of u uit te spreken. Het kan ook een zeer vruchtbare periode zijn, een tijd waarin gezaaid wordt en ideeën vaste vorm krijgen.

Als hier runen verborgen zijn, kan het betekenen dat u zichzelf verhindert te bewegen of te veranderen. Dan moet u onderzoeken of u dat doet uit angst of omdat u het echt niet wilt.

Een andere methode om runen te werpen

Tot de elfde eeuw werden in de noordelijke landen runen in het openbaar geworpen om voorspellingen te doen. De laatste runenmeesters en -meesteressen leefden een 300 jaar geleden.

Deze traditie is eeuwenoud. De eerste neerslag van runen werpen vindt men in het werk 'Germania' van de Romeinse schrijver Tacitus, dat dateert van 98 n.Chr. Het is een neerslag van de gebruiken bij de Germanen. Tacitus beschreef hoe ze op een witte doek runenstaven wierpen. Er werd een tak gekapt van een notendragende boom en de runen werden gegraveerd in de bast. De runen werden gelezen door het stamhoofd of een priester. Die sprak een gebed uit, keek naar de hemel, nam drie staven, een voor een, en las de betekenis van de runen. Tacitus beschreef ook vrouwen die zich bezighielden met voorspellingen.

U kunt deze methode toepassen door staven te kopen of ze zelf te maken. U neemt 30 twijgjes van gelijke grootte van een eik of es, liefst voor zonsopgang, het begin van de noordelijke dag. Haal de bast er bovenaan af en graveer met een scherp voorwerp het runeteken. Markeer het met rode verf. Laat een staafje blanco. Ik heb mijn staven gemaakt met een houten gordijnroede die ik in gelijke delen verzaagde. Houd ze in een zakje met trekkoord, gemaakt van een natuurlijke stof, of een langwerpig blik, zodat u ze kunt schudden voor u ze werpt.

Het werpen van de runenstaafjes

Runenstaafjes worden traditioneel geworpen bij zonsop- of zonsondergang onder een boom, bij voorkeur een eik of es.

- Teken een zwarte of rode cirkel met een omtrek van ongeveer 100 cm op een witte vierkante doek. Zorg ervoor dat er een strook van 30 cm overblijft buiten de cirkel.

- Leg de doek op de hoeken vast met stenen.

- U kunt de cirkel ook meteen op de grond tekenen met een stokje.

- U stelt vervolgens een vraag of laat de persoon die de worp gevraagd heeft een vraag stellen. De meest effectieve manier van werpen is als men de worp zonder gedachten uitvoert.

- Ga zitten op een meter afstand van de doek. Neem het deksel van het blik en gooi de staven op de doek.

- Let niet op de runen die naast de cirkel vallen, of ze nu op de doek of op de grond vallen.

- Lees alleen de runen die met de gemarkeerde zijde bovenaan liggen. Als u alleen maar blanco runen hebt geworpen, stel de lezing dan een dag uit.

Paranormale bescherming

Zodra u begonnen bent met runenvoorspellingen, zullen er veel psychische energieën loskomen. De meeste zullen positief zijn. Paranormale bescherming kunt u vergelijken met de keuze om uw e-mailadres en telefoonnummer alleen maar aan bekenden te geven en niet in het telefoonboek te publiceren. Alleen als u positief denkt zult u bij het runen werpen paranormale bescherming genieten. Want alles wat gezegd wordt keert in drievoud terug naar de afzender. Als u echter runen voor anderen leest of omringd bent door vijandigheid en apathie, is het beter dat u beschermd wordt tegen uw negativisme of dat van anderen. Bij mijn werk met kristallen en tarotkaarten heb ik een methode ontwikkeld die ook bijzonder effectief bleek bij het werpen van runen.

Een buffer van licht creëren

De Scandinavische volkeren geloofden in lange, schaduwachtige wezens die de wacht hielden op de velden en de dorpen beschermden. Die wezens haalden hun kracht van Moeder Aarde of Nerthus zoals ze ook genoemd werd. Anderen zien deze beschermende wezens als engelen of lichtwezens. Ze brengen u op symbolische wijze de goedheid van de universele kosmos of de beschermende god of godin waarmee u zich identificeert.

- Eerst bepaalt u met een kompas het magnetische noorden in uw huis. U kunt ook een symbolisch punt zoeken dat de geografische positie van het noorden benadert.

- Bepaal de vier windrichtingen in uw werkruimte.

- Plaats, met de wijzers van de klok mee, vier kaarshouders en vier paarse of donkerblauwe lange kaarsen op de punten van 12, 3, 6 en 9 uur. De kaars van 12 uur zet u in het noorden. (U kunt lange, pilaarvormige kaarsen in de winkel vinden).

✢ Als de schemer valt, maakt u een cirkel voor de runen. U steekt de kaarsen aan, beginnend met die in het noorden. Vervolgens neemt u plaats in de cirkel en kijkt u naar het noorden.

✢ Focus eerst op de kaars die in het noorden staat en die het element aarde en middernacht vertegenwoordigt. Houd uw benen bij elkaar en vorm met uw armen een 'V' boven uw hoofd. Het vormen van letters met het lichaam is een heel machtige vorm van runenmagie. U hebt nu Eohl gevormd, de rune van de hogere machten. Zeg dan:

> *Wachters van het noorden, bescherm me tegen iedereen die me kwaad wil doen, bewust of onbewust.*

✢ Vervolgens kijkt u naar het oosten, vormt u met uw armen het teken van Eohl en zegt u:

> *Wachters van het oosten, bescherm me tegen iedereen die me kwaad wil doen, bewust of onbewust.*

✢ Nu kijkt u naar het zuiden en maakt u het teken van Eohl voor de derde keer, terwijl u zegt:

> *Wachters van het zuiden, bescherm me tegen iedereen die me kwaad wil doen, bewust of onbewust.*

✢ Ten slotte richt u uw blik naar het westen en zegt u:

> *Wachters van het westen, bescherm me tegen iedereen die me kwaad wil doen, bewust of onbewust.*

✢ Stel u het beschermende licht voor terwijl u een onzichtbare cirkel vormt met de wachters.

✢ Maak, terwijl u baadt in het licht, met uw ene hand een cirkel in de andere hand en zeg:

Als ik dit teken maak, zullen de Wachters van de vier hoeken me beschermen in deze cirkel van licht.

✢ Blaas de kaarsen uit. Begin in het westen, ga verder 'tegen de wijzers in' en stel u voor dat de cirkel van licht verzwakt, maar niet verdwijnt.

✢ U kunt de wachters telkens opnieuw activeren als u het speciale teken maakt. De cirkel van licht zult u regelmatig moeten vernieuwen door de kaarsen aan te steken en opnieuw de cirkel te maken. Eenmaal per maand, dicht bij de nacht van de volle maan, steekt u de kaarsen rond de runencirkel aan en laat u ze branden tot ze vanzelf uitgaan.

DAG 9
Haegl – hagel

Ontwrichting door natuurlijke gebeurtenissen of ongecontroleerde krachten, plotse verandering

Haegl behoort tot de tweede reeks runen, de aett van Haegl of Heimdall, wachter van de goden. Deze rune staat ook bekend als de moederrune die in de positie staat van het magische nummer negen. Haar originele vorm is een zespuntige sneeuwvlok, een geometrische vorm die veel voorkomt in de natuur. Haegl, de hagelsteen, wordt gezien als het kosmische zaad. IJs is het tweede element van de schepping, terwijl Haegl het alter ego is van Cen. Het Oud-Noordse gedicht noemt hagel 'de koudste van de granen' en associeert het met de oogst. Want als hagel smelt, wordt het water dat leven geeft. Haegl is de koude wereld buitenshuis. Het Angelsaksische gedicht beklemtoont de potentie van nieuw leven en de komst van de lente in Haegl.

Haegl is daarom het teken van de plotse verandering, veroorzaakt door externe gebeurtenissen of een beslissing die een verandering inhoudt die voor anderen minder gewenst is.

Haegl lezen

Als we Haegl werpen, hebben we het gevoel dat we in de kou staan, in ons privé-leven of op het werk. We beseffen dat er iets moet veranderen of dat we moeten optreden tegen een oneerlijke of onbevredigende situatie. Anderen verzetten zich daartegen. Want dat kan het einde betekenen van het voorspelbare en vertrouwde dat anderen veiligheid en zekerheid geeft. 'Blijf wie u bent' kan romantisch klinken wanneer u zestien bent en uw ridder op het witte paard is gekomen. Die beloofde u alle moois op aarde. Van vuile sokken is geen sprake – echo's van Rad. Nu bent u wijzer, sterker, meer gefocust en hebt u behoefte aan een partner, vrienden en collega's die samen met u kunnen groeien en u helpen om de verschillende facetten van uzelf te ontdekken. Ze kunnen u niet meer beschouwen als die eeuwige rots die hun bescherming biedt tegen de stormen van het leven.

Haegl is niet altijd welkom in een worp en zelfs niet in ons leven. Het gaat over verandering, over het zich verwijderen van de stagnatie van Is, de derde rune in de reeks, die er trouwens vaak mee gepaard gaat. Nieuw leven wacht op u terwijl het ijs rond uw hart smelt en u de kracht geeft om tegenslagen te verwerken. Het werkt alleen maar in uw voordeel – zolang u beseft dat het 'op een na beste' niets voor u is. Deze rune vertelt u dat u zo veel meer waard bent, dus laat de logica van de lucht elke tegenstand, twijfel of angst wegnemen.

Hoe groot ook de verandering is die u wenst door te maken, het zaad van verandering ligt in uzelf. Vooral vrouwen zijn sterk in tegenspoed en uitdagingen. Wees dus moedig. Blijf niet zoals de krijgers in de ridderzaal wachten tot het ijs smelt en de lente komt. Ga het leven tegemoet. U zult er op zonniger dagen de vruchten van plukken.

Verborgen Haegl

Verstoring en ontwrichting worden vaak geassocieerd met mannen. Denk maar aan de ophef die ze maken als hun rapport niet afraakt, hun hemd zich niet op magische wijze zelf gewassen of gestreken heeft of als een afspraak wegens het slechte weer wordt afgezegd. Vrouwen reageren kalm op crisissituaties. Ze weten dat het leven niet over rozen verloopt, dat in ieders leven heel wat regen en hagel valt, dat treinen te laat komen en kinderen ziek worden op de meest onmogelijke momenten. Dus komt het erop aan de paraplu open te doen en verder te gaan zonder te zeuren over zaken die niet veranderd kunnen worden.

Misschien is het daarom dat vrouwen zo houden van romantische films. Vrouwen hebben de neiging om extra werk te aanvaarden en extra tijd uit te trekken voor de behoeften van anderen. Protesteren, ziek worden, klagen over het leven of anderen, hoort niet voor brave meisjes.

Ik ken sterke vrouwen die tot het uiterste gaan voor hun werk. Als hun dochter in bed blijft liggen na een weekendje uit en het huis er als een puinhoop bij ligt, glimlachen ze flauwtjes. Ze sputteren zachtjes tegen als de bediening in het restaurant te wensen overlaat. Geen protest als de monteur van de wasmachine niet komt opdagen omdat zijn auto stuk is of zijn tante uit het buitenland onverwachts op bezoek komt.

Als u maar weet dat het zo niet hoeft te zijn. De wereld zal niet vergaan als wij eventjes uit de tredmolen stappen. Of als we anderen vragen voor ons iets te doen, ook al vindt de ander dat niet vanzelfsprekend. Probeer het maar en geniet van de smeltende hagel in het stralende zonlicht.

DAG 10
Nyd – nood

ᚾ

Verlangens die vervuld kunnen worden door actie en reactie op externe gebeurtenissen, zelfvertrouwen, het verlangen om iets te bereiken, passie

Nyd, de tweede vuurrune, is een andere kosmische kracht. Het is een van de scheppende krachten van de wereld en het lot van de mensheid. Het is de vonk die door wrijving het noodvuur aansteekt. Noodvuren werden van oudsher in Noord-Europa aangestoken op feesten als Beltane (Meiavond), het begin van de zomer, Samhain (halloween) en tijdens de zonnewende. Ook nu nog vieren de christenen in Duitsland en Oost-Europa Pasen met het verbranden van Judas; bij ons ook met het aansteken van de paaskaars.

Het zijn de vuren van licht, waarvan de as de velden vruchtbaar maakt en de zon weer doet schijnen. Het is het innerlijke Noodvuur dat vrouwen ertoe brengt hun verlangens te realiseren. Daarom wordt Nyd geassocieerd met de magie van de liefde.

Het Oud-Noordse gedicht legt het verband tussen vuur en ijs, waarbij het noodvuur aangestoken wordt tegen de koude en de vorst. Het is dus een opwindende rune die bevrediging en warmte voorspelt als we aandachtig zijn voor onze eigen behoeften.

Nyd lezen

De Nyd-rune duikt op als u erg verlangt naar iets (of iemand). Het is het gevoel van een strakke band die alleen maar losser zal worden als u vecht voor datgene wat u wilt. Dat kan een onvervulde of lang vergeten droom zijn, een spiritueel doel, een verlangen naar succes, plezier, reizen of liefde. Uw droom is vrij recent concreter geworden of teruggekomen door bepaalde gebeurtenissen of door een bepaald stadium in uw leven. Misschien moet u het geluk in kleine zaken zoeken, zoals het een voor een aansteken van de paaskaarsen.

Uw Nyd kan veranderd of gegroeid zijn, of misschien ziet u voor het eerst duidelijk in de richting die u uit moet of hebt u aandacht voor uw eigen behoeften, die niet in overeenstemming zijn met de behoeften van anderen in uw omgeving. Het kan beginnen met het lezen van een boek, op reis gaan naar een totaal andere plek, inspanningen doen om iemand te zien die u het gevoel geeft echt te leven, of het doen oplaaien van de passie in uw relatie. Of u beantwoordt de roep van uw roots, verhuist naar uw geboortedorp of maakt uw eigen thuis op een manier die u bevredigt.

Verborgen Nyd

Uw behoeften worden niet gezien door anderen en u hebt altijd het gevoel dat u moet geven. U hebt behoefte aan erkenning en aandacht. Verborgen Nyd komt vaak samen voor met verborgen Gyfu. We schuiven onze behoeften opzij voor carrière of familie. Dat kan een gewoonte zijn. Mogelijk is uw altruïsme al lang niet meer nodig. Mensen zijn zich vaak niet bewust van hun onvervulde verlangens omdat men ze nooit aan het woord heeft gelaten. Onbeperkt geven kan onze eigen ontwikkeling belemmeren.

Aangezien het noodvuur aangestoken wordt door twee stokjes tegen elkaar te wrijven zonder andere bron van vuur, vraagt dit teken actie, eerder dan passief toezien. U moet het enthousiasme in uzelf weer aansteken, vooral op donkere, saaie winterdagen. Als er niemand in uw leven is die wil geven, moet u uw eigen behoeften vervullen. Leer het vuur in uzelf brandend houden.

DAG 11
Is – ijs

|

Obstructie, een periode van inactiviteit die in uw voordeel kan spelen, wachten op het juiste moment

Is is de tweede ijsrune en het vijfde element in de noordelijke wereld. De eenvoudige verticale vorm van de rune betekent dat ze deel uitmaakt van elk ander teken. Is is ook een kosmisch zaad. Het wordt in het Oud-Noordse gedicht omschreven als de 'brede brug' en in de IJslandse versie als het 'dak van de golven'. Het Angelsaksische gedicht verwijst naar Is als 'het meest lijkend op een juweel en sprookjesachtig om te zien', dus is het een zeer positieve rune.

Dit teken kan gezien worden als de ijswinter die in het verre noorden zelfs de zee bevriest en het jagen en reizen verhindert. Het is een externe belemmering om te bewegen. Deze pauze nodigt uit om te denken, rusten of plannen. In onze moderne wereld hebben we het contact met de seizoenen verloren. We ontkennen het natuurlijke proces van vertragen en herstel van lichaam en geest op donkere winterdagen.

Het is de gletjser die ongemerkt wegglijdt van Niflheim, het gebied van Is, en wijst op een vooruitgang die traag lijkt te gebeuren, maar onder de oppervlakte plaatsgrijpt.

Is lezen

Als u deze rune werpt bent u gefrustreerd omdat alles zo traag vooruit gaat. U slaagt er niet in een nieuw project te beginnen of te handelen. U kunt beter het juiste moment afwachten. U kunt het best even pauzeren voor de grote sprong voorwaarts totdat het ijs gesmolten is.

Het is zeer ontmoedigend om naar twintig jobs te solliciteren en geen antwoord te krijgen. Misschien schrijft u zich in voor een cursus en beseft u dat er praktische belemmeringen zijn. Misschien kent ook uw relatie een stilstand omdat u wacht op een scheiding of een andere houding van de ander. U vindt geen goedkope flat om naar te verhuizen, een familielid is ziek of een partner heeft behoefte aan steun en aandacht.

Er zijn duizenden scenario's mogelijk waarin de omstandigheden ogenschijnlijk een samenzwering vormen. Ze verhinderen u promotie te maken, te verhuizen of een reis te boeken. U moet beseffen dat dit niet het moment is om te handelen. Maak daarentegen elke dag dat u moet wachten aangenaam. Breng die op een creatieve manier door tot het ijs begint te smelten en het moment van handelen gekomen is. Deze wachttijd kan een zeer vruchtbare en spirituele periode zijn. Voorwaarde is dat u geen energie verspilt aan negatieve gevoelens of leeft volgens een onrealistische tijdsindeling.

Verborgen Is

Verborgen Is staat voor de angst om te vallen en de angst om te mislukken. Het is een terugkerend thema bij verborgen runen. Het houdt ons in een onbevredigende situatie. De angst is vaak erger dan de werkelijkheid. Uw hart is misschien gekwetst door verraad of een tegenslag. Misschien hebben anderen uw zelfvertrouwen aangetast, waardoor u zich, telkens als u iets nieuws wilt beginnen, uit angst terugtrekt. Terwijl de tijd verdergaat, vergroten de angsten en wordt het ijs dikker zodat de angst disproportioneel wordt. Wees vriendelijk voor uzelf, maar laat het ijs geleidelijk aan smelten en begin aan de weg voorwaarts. Wees voorzichtig, maar houd de moed erin.

DAG 12
Ger – het jaar

Oogst: de resultaten van uw inspanningen, vruchtbare levenscycli of een herhaling van fouten

Ger is de natuurlijke vooruitgang, van levenscycli, van de seizoenen, jaren, levensstadia, een relatie of situatie. Deze rune van de geslaagde oogst of beëindiging van een beproeving wordt opgeroepen door een magisch ritueel. Ze kan gebruikt worden als talisman voor een goed seizoen of het welslagen van een project.

Zowel het Oud-Noordse als IJslandse gedicht zien de goede oogst als winst voor alle mensen. Het Oud-Noordse gedicht heeft het over de vrijgevigheid van Frey, of Ingwaz, de god van de vruchtbaarheid van het land. Het Angelsaksische gedicht belooft overvloed voor rijk en arm. Zo is Ger, in haar meest positieve zin, een rune die zorgt voor welvaart en groei.

Ger lezen

Ger staat voor vruchtbaarheid, het bereiken van een doel door hard werken en de behoefte om projecten tot een goed einde te brengen. Deze rune is ook een vertaling van wat in de bijbel staat: 'Wie zaait, zal oogsten'. Zo belooft deze rune u dat de vele inspanningen die u levert in de toekomst vruchten zullen afwerpen.

Als rune van de oogst is Ger het symbool van de herfst. Het is de tijd van de beoordeling van het verleden en het plannen van de toekomst. Wellicht moet u uw financiële zaken regelen, investeringen op lange termijn bekijken en aandacht besteden aan familiezaken. Jongere en zwakkere familieleden hebben behoefte aan aanmoediging om voor hun doel te vechten. Het is tijd om lang aanslepende ruzies te beëindigen. Voor vrouwen, die verbonden zijn met de godin van de aarde, betekent Ger wijsheid, rijpheid en harmonie met hun vrouwelijke cyclus; of ze nu fysiek vruchtbaar zijn of niet. U moet doorgaan, erop vertrouwend dat u op het juiste pad bent. Wat ook de kern van uw leven is, u zult de vruchten plukken van uw inspanningen.

Verborgen Ger

Ger hangt samen met de cycli van het leven, met het draaien van het zonnewiel van de wereld en de verandering van de seizoenen. Ook wij gaan in ons leven van het ene naar het andere stadium. We weten wanneer het tijd is om een deur te sluiten en een andere te openen. In volkstradities wordt Ger soms de rune van de tredmolen genoemd. Misschien hebt u het gevoel dat u voortdurend in dezelfde repetitieve cyclus blijft hangen, als een hamster in een rad. Zo stappen sommigen elke vijf jaar opnieuw in een rampzalige relatie of doen zich voortdurend dezelfde carrièreproblemen voor. Als steeds dezelfde patronen terugkeren, is het belangrijk te zoeken naar de reden. Waarom trekt u zich terug als u zich moet engageren of als u kans hebt op succes? Is het altijd hetzelfde soort man of vrouw die u ongelukkig maakt of vertrekt als het moeilijk wordt?

Verborgen Ger vertelt u dat u het verleden moet onderzoeken en zelfdestructieve patronen moet stoppen. U verdient beter dan dat steeds dezelfde film met een slecht einde wordt herhaald – herschrijf het script en word de heldin van het verhaal.

Kies uw rune van de dag

Als u er een dagboek op nahoudt, kunt u elke dag noteren welke rune u kiest. Na enkele dagen kunt u zien of een bepaalde rune of runen steeds terugkeren. Dat betekent dat bepaalde gebieden van uw leven extra aandacht vragen of dat er zich specifieke kansen aanbieden. Het terugkeren van runen over een periode van dagen of weken heeft dezelfde betekenis als steeds weerkerende dromen.

Nu u de eerste 12 runen kent, kunt u elke morgen een rune uitkiezen. Die geeft u een eerste indruk van de dag. U kunt er ook uit afleiden welke krachten en strategieën u kunt gebruiken om uw mogelijkheden te benutten en moeilijkheden tegen te gaan.

- Het eerste wat u 's morgens doet, is een rune uit de zak nemen. Steek uw hand in de zak en laat uw hand de rune uitkiezen. U kunt denken aan een bepaald iets of alleen uw onbewuste aan het werk laten.

- Sommige vrouwen kijken alleen of de blanco of gemarkeerde zijde bovenaan ligt. Anderen houden rekening met de hele rune en beide betekenissen. De gemarkeerde zijde geeft aan welke mogelijkheden en sterktes er zijn, de blanco zijde staat voor de uitdagingen. Op die manier staan niet alleen de uitdagingen centraal.

- U kunt een rood zijden tasje kopen of naaien om uw rune van die dag als een amulet of beschermingskracht rond uw hals te dragen. Hebt u een minder goede dag gehad, reinig dan uw rune door er een paar korreltjes zout over te strooien en ze door een kaarsvlam te halen.

- Als u negen dagen gelezen hebt, kunt u net als Vera op de volgende bladzijde, een patroon ontdekken in uw worpen. U kunt dat patroon week na week analyseren. Na een maand kunt u zien of er terugkerende patronen optreden: is er een bepaalde rune die steeds terugkomt op maandagmorgen of de dag dat u uw schoondochter bezoekt?

✢ Runen bevestigen niet alleen of u op de goede weg bent en er problemen zijn. Ze kunnen ook een oplossing brengen die in het onbewuste ligt. Het is net als uw dromen onthouden en onderzoeken, aangezien ook dromen de antwoorden in zich hebben, maar vluchtiger zijn en sneller vergeten.

Een lezing van Vera's runen van dag tot dag

Deze lezing is gebaseerd op de runen die negen dagen na elkaar geworpen zijn. Voor haar dagelijks kiezen van een rune werkt Vera met een reeks van 30, inclusief de blanco rune. Omdat al de runen die ze uitkiest horen tot de reeks die we al bestudeerd hebben, is het de moeite om deze lezing eens door te nemen.

Haar ervaringen zijn niet zo uitzonderlijk. Ze behoort tot het derde van de mensen die getrouwd en gescheiden zijn en in hun nieuwe familie een stiefvader of -moeder hebben. We kennen allemaal de mythe van de slechte stiefmoeder. Ook stiefvaders kunnen het moeilijk hebben om zich aan te passen aan een nieuwe familie, vooral als ze geen eigen kinderen hebben.

Vera is half de dertig en heeft drie kinderen van zes, acht en dertien. Ze is een tijd geleden voor de tweede keer getrouwd na een traumatische scheiding. Haar eerste man was een echte rokkenjager en droeg geen verantwoordelijkheid voor de kinderen. Jan, haar tweede man, was vrijgezel. Hij heeft het, ondanks zijn liefde voor Vera, moeilijk om zich aan te passen aan het nieuwe gezinsleven dat vaak rumoerig en chaotisch verloopt. Vera heeft een parttimebaan maar komt toch moeilijk rond omdat haar ex-man te weinig alimentatie betaalt. De weinige keren dat hij de kinderen ziet, overlaadt hij hen met dure geschenken.

Er lijkt een voortdurende strijd te zijn tussen de kinderen en Jan, vooral met de tiener. Vera heeft het gevoel er middenin te zitten. De kinderen spelen Jan ook uit tegen haar ex-man. Vera heeft voortdurend hoofdpijn. Hoeveel ze ook van hen houdt, toch heeft ze af en toe zin om alles achter te laten en het hen zelf te laten uitvechten.

Vera gooit elke rune op de tafel en maakt een onderscheid tussen de positieve en blanco zijde. Dit zijn haar runen:

Dag 1: Haegl
Dag 2: Thorn
Dag 3: Feoh (verborgen)
Dag 4: Thorn
Dag 5: Ger (verborgen)
Dag 6: Gyfu (verborgen)
Dag 7: Feoh
Dag 8: Gyfu (verborgen)
Dag 9: Haegl (verborgen)

Vera begint en eindigt met Haegl (hagel), maar de tweede keer is die verborgen. Niet verwonderlijk, want ze wordt omringd door heel wat irritatie van andere mensen, vooral de strijd tussen haar kinderen en haar tweede man. De situatie wordt nog verergerd door de waanzinnige geschenken van haar eerste man en zijn sporadische en gebrekkige praktische en financiële steun. De ontwrichting die we in Haegl zien, is voornamelijk het dagelijks gevecht en irritatie over het gedrag van de kinderen.

Thorn (doornen) op dag 2 betekent dat de spanning oploopt. Vera heeft hoofdpijn. Thorn komt ook voor op de vierde dag, wat betekent dat het gekibbel en bekvechterij een constante zijn.

Verborgen Ger (de oogst) op dag 5 toont aan dat gevangenzitten tussen het gekibbel van anderen een kenmerk is van Vera's leven. Misschien is dat wel iets dat ook in haar eerste huwelijk en haar kindertijd voorkwam. Wellicht heeft Vera in haar eerste huwelijk, zoals veel vrouwen doen, de problemen weggemoffeld. Daardoor zien de kinderen haar eerste man nu als een held. Vera moet zich afvragen waarom ze voortdurend de rol van Assepoester op zich neemt, vooral als de knappe prins een vervelende, kibbelende knecht geworden is.

Gyfu (het geschenk) is verborgen op dag 6 en dag 8. Vera denkt wellicht dat ze, als ze zich anders gedraagt, een slechte moeder of vrouw zal zijn. Erger nog, ze vreest dat haar tweede man haar dan zal verlaten, zoals ook haar eerste deed. Vera heeft onrealistische verwachtingen, gebaseerd op het populaire imago van de gelukkige familie. Ze voelt zich verantwoordelijk omdat haar gezin, net als alle andere gezinnen natuurlijk, zowel minder als zeer gelukkige perioden kent.

Dag 7 brengt Feoh, de prijs die men moet betalen, in dit geval de prijs om de situatie gelijk te houden: een vijandige man en kinderen en een destructieve houding van haar ex-man. Natuurlijk moet men voor verandering ook een prijs betalen: het verlies van haar perceptie als supermoeder. Daarbij komt nog de sterke angst dat ze Jan zal verliezen. Die ervaart een groot verschil tussen het leven in een familie en als vrijgezel en zijn eigen ideaalbeeld van een gezin.

De laatste verborgen Haegl op dag 9 geeft aan dat Vera weigert te protesteren tegen het feit dat haar huis een slagveld is en dat dat niet langer te accepteren valt.

Voor u verder leest, stel ik voor dat uzelf de runen van Vera eens interpreteert en afleidt welke oplossing ze suggereren. Lees vervolgens mijn interpretatie, eraan denkend dat ieder op zijn eigen manier de runen leest en de beste interpretatie alleen door Vera zelf kan gebeuren.

Voor mij betekenen de runen dat Vera afstand moet nemen. Niet van haar huis (hoe verleidelijk dat soms ook mag zijn), maar ze moet afstand nemen van het middelpunt van de confrontaties. Want zolang zij zich met al die ruzies inlaat, hoeven de strijdende partijen hun attitude en gedrag niet te veranderen. Het is natuurlijk nooit makkelijk als er een stiefouder in het gezin komt, vooral niet wanneer de afwezige vader, die nooit aandacht had voor de kinderen, plots voor Sinterklaas gaat spelen.

Als de kinderen oud genoeg zijn om gemanipuleerd te worden, zijn ze ook oud genoeg om de gevolgen van hun gedrag te dragen. Ook Jan zal zich moeten aanpassen aan het gezinsleven. Dat kan als hij niet langer beschermd wordt en het verwende kind speelt, maar een verantwoordelijke ouder wordt. Mogelijk kent dit verhaal geen happy end – dat gebeurt nog in het leven. Zodra Vera haar onbewuste rol in dit conflict kent, zullen de problemen duidelijk worden en kunnen ze eventueel opgelost worden.

Een worp met drie runen

Hoewel u nog maar 12 runen kent, kunt u met deze beginnen. Aangezien al de runen verband houden met ons leven, zal zelfs een op het eerste gezicht beperkte reeks van 12 inzicht geven in elk probleem. U kunt ook wachten tot u alle runen kent.

Of u nu met drie, zes of negen runen werpt, de methode is dezelfde. U dient wel rekening te houden met de complexiteit van het probleem dat voorligt. Een worp met drie runen is zeer effectief als u weinig tijd hebt of een bepaalde zaak wilt onderzoeken.

- ⁃ Steek de gemarkeerde runen in de zak en concentreer u, terwijl u de zak vasthoudt, op de zaak of vraag. Als u niet met een specifieke vraag zit, maak uw geest dan vrij door u een sterrenhemel voor te stellen waarbij de sterren geleidelijk aan doven tot u een zwarte hemel ziet.

- ⁃ Gebruik de hand waarmee u schrijft en raak de runen in de zak een voor een aan; neem uw tijd en laat ze goed in uw hand liggen. Haal er drie runen tegelijkertijd uit.

- ⁃ Werp de drie runen samen in één beweging op de doek. Als ze ernaast vallen, neemt u een andere rune uit de zak tot u drie runen op de doek hebt.

- ⁃ Kijk goed naar de positie tussen de runen. Vormen ze een groep? Dan betekent dat dat ze in relatie staan tot elkaar. Is er eentje bovenaan beland, boven de andere? Of vallen ze uiteen, ver weg van elkaar in de hoeken van de doek, wijzend op verschillende invloeden of keuzes?

- ⁃ De gebieden waarin ze vallen zijn ook van belang. Vallen de runen bijvoorbeeld in Cen, het gebied van de innerlijke wereld, dan houdt het probleem verband met uw gedachten. Het gaat over iets dat u van plan bent en dat u 's nachts wakker houdt.

- Bestudeer de blanco runen. Waarom zijn ze verborgen? Al ze alledrie blanco geworpen worden, zijn er veel onopgeloste zaken in uw leven. Wees dan vriendelijk voor uzelf of voor degene voor wie u de lezing uitvoert.

- Als u de runen voor iemand anders leest, vraag dan om de zak vast te houden, te denken aan de vraag en er drie tegelijk op het kleed te werpen.

- U interpreteert de runen naar gelang van de plaats waar ze terechtgekomen zijn. Met de vragensteller kijkt u hoe ze een oplossing kunnen bieden voor het probleem. Laat u niet verleiden tot een psychisch raadselspel; spontane inzichten zullen makkelijker komen als u ontspannen bent en niet onder druk staat om te presteren.

Elly's worp van drie

Ik heb Elly geholpen bij het interpreteren van een worp van drie runen en gebruikte de volledige set.

Elly is 25 en werkt voor dezelfde firma sinds ze de school verlaten heeft. Ze heeft een verantwoordelijke functie op de klantendienst. Ze verveelt zich op het werk en heeft minder geduld met de klachten van de klanten, niettegenstaande het feit dat dat een belangrijk onderdeel is van haar job. De laatste tijd spendeert ze meer tijd aan het schilderen van dieren en heeft ze verschillende opdrachten aanvaard om huisdieren te tekenen.

Ze overweegt ernstig om als freelance kunstenaar te leven. Haar ouders waarschuwen haar dat als ze haar job opgeeft niet het appartement zal kunnen kopen dat ze op het oog heeft.

Elly's worp:

Rune 1: Rad, verborgen in Cen, de cirkel van de innerlijke wereld

Rune 2: Feoh, in Rad, de buitenste cirkel van actie en interactie

Rune 3: Thorn, in Is, buiten de andere cirkels, in het gebied van het lot, of de toekomst

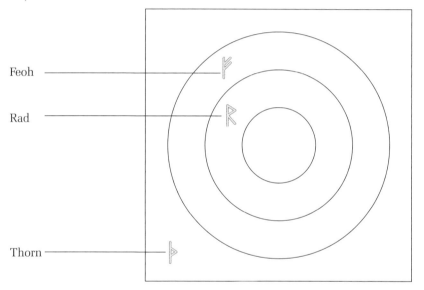

De cirkels helpen om de betekenis van de runen beter te interpreteren.

Rad, het wiel, dat betrekking heeft op een uitdagende en opwindende beslissing die tot verandering en beweging kan leiden, leeft in de gedachten van Elly, maar is verborgen. Dat toont aan dat Elly het moeilijk heeft om positieve stappen te zetten in de echte wereld. Alles blijft rondtollen in haar hoofd. Er zijn verborgen angsten om te mislukken en om haar veilige, zij het ontevreden, leven op te geven. Het laat ook zien dat ze zich in het verleden heeft laten leiden door de mening van anderen.

Feoh zegt dat de prijs die Elly moet betalen voor de verandering niet voor de poes is. Als ze van haar hobby haar werk wil maken, zal ze tegenwind krijgen van haar ouders en een financieel risico lopen. Ze zal extra werk hebben om de overgang te maken van de ene naar de andere job. Haar job als zelfstandig kunstenaar zal nieuwe eisen stellen. Maar ze is nog jong. Het zal in elk geval moeilijker zijn om die stap te nemen als ze al een hypotheek moet betalen en andere verbintenissen heeft.

De derde rune, Thorn, is in Is en is de sleutel van dit verhaal. De kleine irritaties stapelen zich op en zorgen ervoor dat Elly zich gevangen voelt: een monotone job, geen vooruitzicht op promotie en de constante negatieve en onvermijdelijke feedback van haar klanten. Het is nu niet het beste moment om te handelen. Als ze niets doet aan haar gevoelens van gevangenzitten zal ze de impuls om een bevredigender leven te leiden verliezen. Ze moet het ijs doen smelten om positieve verandering in haar leven te brengen. Als de spanningen blijven oplopen, zal ze misschien impulsief haar zekere job opgeven, eerder dan een overwogen stap te zetten in haar carrière.

Het lot van de runen ligt, zoals ik eerder gezegd heb, niet vast, maar hangt af van onze acties en reacties. Ik heb Elly nog eens ontmoet drie jaar na de lezing. Ze heeft een parttimebaan uitgebreid met het tekenen en het aantal uren van haar ander werk verminderd. Ironisch genoeg kreeg ze er daardoor meer zin in en besefte ze dat ze graag met mensen werkt.

De laatste keer dat ik haar zag was ze net begonnen aan een cursus creatieve therapie. Ze was vrijwillig aan het werk in een plaatselijk ziekenhuis waar ze langdurig zieken leerde schilderen. Ze heeft ook Johan ontmoet, een van de verplegers in die afdeling en ging met hem samenwonen.

DAG 13
Eoh – de taxus

Een einde dat leidt tot een nieuw begin, bestendigheid, trouw, wijsheid op latere jaren, traditie

De taxus, de langstlevende boom, werd door de noordse volkeren geadopteerd als symbool van langdurigheid, traditie en eeuwig leven. De taxus werd vaak geplant op plaatsen waar as en beenderen lagen om de eeuwigheid door te geven aan de overlevenden.

De taxus was de boom van de sjamanen en magie en was gewijd aan Uller. Dat was de god van de winter en het boogschieten. Bij de zonnewende werd de boom verbrand om de zon te overtuigen terug te keren. In het noordse gedicht wordt de boom 'het groenste hout in de winter' genoemd. Het Angelsaksische gedicht ziet de taxus als de wachter van het vuur en vreugde voor het huis. Hij zorgt voor warmte en houdt de belofte in van het groen in de lente.

De rune Eoh wordt in het IJslands gedicht geassocieerd met de boog, die vaak gemaakt werd van taxushout, als symbool van nieuw leven dat voortkomt uit het oude. Yr, de boog, is een rune in de laatste reeks van de Angelsaksische runen. Eoh vertegenwoordigt blijvende emoties en trouw in relaties.

Eoh lezen

Deze rune kan opduiken als u denkt aan een einde of een ervaring hebt waarvan u nog niet zeker bent of die zal voortduren. Als een weg afgesloten wordt, zal er zich automatisch een nieuwe weg aanbieden. Een fase in een relatie kan natuurlijk aflopen en dan is er iets nieuws nodig om de overgang mogelijk te maken.

Ook al voelen we ons droevig of bezorgd over een verandering, de taxus brengt ons de unieke boodschap dat er een nieuwe, permanente groei naar succes of geluk op komst is.

Misschien voelt u zich alleen door noodzaak of eigen keuze. Uw kinderen zijn de deur uit; u gaat binnenkort met pensioen, wordt ontslagen, gaat verhuizen of een nieuwe job beginnen of er is de geboorte van een eerste kind dat het begin betekent van een ander bestaan.

Zelfs het meest positieve en opwindende nieuwe begin kan betekenen dat er deuren gesloten worden. Laat uzelf toe om uw negatieve gevoelens te uiten, onderdruk ze niet. Een nieuwe wereld, klein of groot, komt eraan en u voelt zich misschien angstig bij dit vooruitzicht. Het is belangrijk om dit te erkennen. Als u twijfelt aan iemands trouw, spreek dat dan rustig uit en vraag de bevestiging die u zoekt.

Het belangrijkste tijdens uw volwassen leven is te beseffen dat u niet alles kunt hebben. Als u succes wilt hebben, zult u bepaalde leuke activiteiten en tijd moeten opgeven. Een vrouw die verscheidene malen deze rune wierp, betreurde dat ze sinds ze promotie had gemaakt, haar professioneel gitaarspel diende op te geven. Ze besefte dat ze in haar vrije tijd kon blijven spelen. Niet op hetzelfde niveau, maar later kon ze opnieuw de draad opnemen.

Verborgen Eoh

Onrealistische verwachtingen bezorgen geluksvoorspellers heel wat werk. Een toekomst voorspellen die uitgaat van waar we staan en wat we hebben is iets helemaal anders. Daar kan echt geluk op gebouwd worden.

Verborgen Eoh stelt dat u energie verspilt aan het geloven in onrealistische dromen. U kunt beter al uw mogelijkheden en kansen benutten. Hoe oud we ook zijn of in welk stadium ook van het leven, we hebben allemaal onze beperkingen. Als we 17 zijn hebben we de romantische tienerbladen weggegooid. Daarin wordt een wereld opgeroepen met designprinsessen en voetbalmiljonairs. U realiseert zich dat het leven van uw moeder niet zo ver af staat van uw eigen wereld. Intussen zijn de jongens die in uw jeugd voor gelijke rechten voor mannen en vrouwen waren, dat allemaal vergeten. U staat daarentegen met een vage glimlach op de mond hun modderige shirts te wassen.

Ook al hebt u geen kroon op het hoofd en geen sportauto op de oprit, toch is het leven niet zo slecht. U kunt nucleair fysicus worden, waar u vele jaren van uw leven aan spendeert, of u kunt zonnebloemen telen. Als u zich eenmaal op realistische dromen focust, en de dagdromen laat voor wat ze zijn, kunt u, gegeven de beperkingen van de realiteit, uw eigen toekomst bepalen.

DAG 14
Peorth – de dobbelbeker

Lot, wat nog niet geweten of onthuld is,
het wezenlijke zelf, een risico nemen

Dit is wellicht de belangrijkste rune. Ze wordt geworpen als er een probleem is dat betrekking heeft op het wezenlijke zelf en veel belangrijker is dan we zelf dachten. Daarom heb ik aan deze rune meer aandacht besteed.

In de tradities van de vroege noordelijke volkeren stonden gokken en voorspellen dicht bij elkaar. Er werden veel beslissingen genomen op basis van een worp. Of men op reis zou gaan of thuisblijven, of men zou vechten of zich terugtrekken. Hoe de teerling of rune geworpen werd, werd gezien als de wil van de goden. 'Hun geluk beproeven', eerst door de teerling te werpen en dan in de echte wereld, was de manier waarop de vikingen hun echte zelf ontdekten. Ze leerden hun sterke punten en zwaktes kennen, hun deugden en ondeugden, want ze geloofden niet dat hun lot vaststond. De gokker of voorspeller las het lot of 'orlog' en ondernam dan actie om zijn geluk uit te putten of potentiële mislukkingen tegen te gaan.

Alleen het Angelsaksische gedicht vermeldt Peorth. Het staat voor het spelen en lachen in de zaal waar de stoutmoedige mannen samenkwamen. Daarom ook is ze de rune van plezier.

Runenmagie houdt een bijzonder moderne visie van het lot in. Ze ligt niet vast of wordt niet beheerst door krachten die buiten ons bewustzijn liggen. Ze wordt bepaald door onze eigen daden in het verleden en het heden. De eerste Norn of schikgodin wordt Urd genoemd. Ze heeft het over het verleden. Dat bepaalt volgens de traditie niet alleen ons eigen heden en verleden maar ook dat van onze afstammelingen. De tweede Norn, Verdandi, staat voor onze actuele daden en invloeden die ons toekomstige leven bepalen. Skuld, de derde Norn, praat over wat komt, gegeven het ingewikkelde web van vroegere en huidige interacties. Ze kijkt vooruit, terwijl ze voortdurend de oude patronen vernietigt en hervormt. Ons lot, of 'orlog', verandert telkens als een dag zich bij het web van interactie voegt. Runen worden gezien als een manier om in het centrum van dit web te komen en potentiële wegen te ontdekken. Elke lezing met Peorth heeft zowel gevolgen op lange termijn als korte termijn.

Peorth lezen

Trouw zijn aan onszelf klinkt als een ouderwetse raad. Alleen als we leven volgens onze eigen basisovertuigingen en onze weg volgen langs ons eigen pad, zullen we niet vervreemden van onszelf en de anderen.

We moeten in contact blijven met de persoon die we in het diepste van onszelf zijn. Dat is de persoon die we zijn als vijfjarige, voor het leven ons op allerlei manieren heeft beïnvloed. Het is de wijze vrouw die wijsheid heeft verworven en ervaring voor toekomstige generaties. Deze distillatie van alle elementen die werkelijk u zijn kunnen we het wezenlijke zelf noemen. Het is Jungs 'innerlijke kind', de Nar in het tarot die zijn queeste heeft vervuld en wijsheid vergaard heeft. Of het zelf dat zich de goddelijke kennis herinnert en die weer tot leven roept; kennis die door het leven op de achtergrond is geraakt.

Peorth is de rune die zegt dat het tijd is om op onze eigen overtuigingen terug te vallen en onze prioriteiten te bepalen. Dat kan betekenen dat men tegen de stroom in moet gaan en tegen het advies in van anderen moet handelen, zelfs als het experts zijn. Het is de rune van plezier, dus zoek plezier in uw eigen unieke talenten en probeer niet iemand anders te evenaren. Uw eigenlijke wezenlijke zelf zal ervoor zorgen dat u slaagt. Vertrouw op uw eigen wijsheid. Als u twijfelt, keer dan terug naar uw 'roots', naar het wijze kind in uzelf dat kan zien tot in het hart van de regenboog. Als u maar het gekunstelde van de wereld en de twijfel die u hebt opzijschuift…

Verborgen Peorth

Als Peorth verborgen is, is het echte zelf opgeofferd aan de behoefte om verschillende rollen te spelen en te voldoen aan de verwachtingen van anderen. Vooral vrouwen verliezen vaak het contact met zichzelf omdat anderen zich opdringen, maar vooral doordat we handelen naar de verwachtingen van de anderen om hun goedkeuring te krijgen.

Verborgen Peorth duikt op als anderen hun levensstijl opleggen of een beslissing opdringen, bijvoorbeeld een verhuizing of carrièrezet, de druk om kinderen te krijgen, te huwen of zich te gedragen in strijd met uw eigen morele code, ook al is het legaal en sociaal aanvaard. U ziet zichzelf door de ogen van de samenleving of door de ogen van diegene die met u leven, maar niet zoals u echt bent. Uw visie kan dus verstoord zijn en het idee dat u tekortschiet, kan verkeerd zijn. Als u twijfelt, zet dan een stapje terug en laat uw wezenlijke zelf aan het woord, misschien wel door Cen, uw innerlijke stem en vlam.

DAG 15
Eohl – elandsgras

Het hogere zelf, spirituele zaken, paranormale ontwikkeling, zorgdragen in een belangrijke zaak; moeilijke maar noodzakelijke beslissingen nemen

Men zou kunnen zeggen dat Eohl de moeilijkste rune is om te begrijpen. Ze wordt dan ook op verschillende wijzen geïnterpreteerd en er worden diverse beelden gebruikt om dit complexe begrip uit te leggen.

Haar Oud-Engelse naam is 'elk-sedge', een zwaard met een tweesnijdend lemmet. Ook al kan een tweesnijdend zwaard zijn drager makkelijk kwetsen, toch is het een machtig wapen met dubbel zo veel kracht als een gewoon zwaard. De vorm van de rune is als een gespreide hand of de hoorns van een eland. Beide kunnen gebruikt worden om aan te vallen en te verdedigen. Volgens de mythe leefden de vier heilige elanden in de wereldboom.

Het Angelsaksische gedicht ziet het als elandsgras, gevonden in de moerassen. Het slingert zich grimmig rond iedereen die het probeert te plukken. Elandsgras had veel toepassingen. Het werd gebruikt voor strodaken, het aansteken van het vuur of het verwarmen van de stal van de dieren. Het geeft ook aan dat alles wat waarde heeft, met zorg behandeld moet worden. Zo ook moeten spirituele groei en voorspellingen met respect behandeld worden en niet gebruikt worden voor negatieve of egoïstische doeleinden.

Als u het moeilijk vindt om deze rune te interpreteren, sluit dan uw ogen en laat de beelden en woorden stromen.

Eohl lezen

Deze rune brengt u in contact met de wereld van het hogere bewustzijn, met uw intuïtie en uw paranormale en helende krachten. Ze wordt geworpen als u zich bewust bent van uw innerlijke genezende en paranormale krachten, ook als u zich dicht bij een engelachtige gids of uw eigen hogere zelf voelt.

U beseft dat er meer in het leven is dan materieel succes en dat vervulling door spirituele zaken een prioriteit is. Dat betekent niet dat u een keuze moet maken tussen de spirituele en materiële wereld, want dit is een rune van integratie. Het is niet eenvoudig om het spirituele met het materiële te verzoenen. Het vergt zorg en een grote integriteit. Vrouwen die op een altruïstische en intuïtieve manier hun werk benaderen, zullen vlugger succes en geluk hebben dan zakelijke en nuchtere collega's. Meditatie, dromeninterpretatie en creatieve beeldvorming zijn de instrumenten van de workshop en directiekamer, maar ook van de tempel van contemplatie. Voor sommigen betekent spiritualiteit zich terugtrekken uit het wereldse, voor de meesten is het een moment van mediteren op de trein. Net zoals onze voorouders die beelden zagen in het zeepsop van de wastobbe en in hypnose raakten aan het bed van hun zieke kind, slagen vrouwen erin om hun spirituele zelf te ontwikkelen in het alledaagse leven en zo hun leven betekenisvoller en rijker te maken.

Verborgen Eohl

De verborgen betekenis van Eohl begrijpen is niet eenvoudig. Als u eenmaal de beslissing hebt genomen die u angstvallig vermeed of als u die moeilijke woorden hebt uitgesproken, zult u geleidelijk aan de voordelen zien van uw moed. De angsten 's nachts en het voortdurend herhalen van dezelfde gedachten zijn veel erger dan het moment van de waarheid. Bovendien zult u ervaren dat de realiteit minder pijnlijk is dan u zelf gevreesd hebt. Solliciteren voor een job of een kans aangrijpen die veel van u vraagt kan beangstigend lijken. Uitgaan na een scheiding of pijnlijke opmerkingen hebben uw zelfvertrouwen aangetast. Onrechtvaardigheid aanklagen, zaken rechtzetten, zich verontschuldigen, hulp vragen, een verzoek indienen, uw gevoelens uiten en afkeuring of afwijzing vrezen: wat uw uitdaging ook mag zijn, het is beter actie te ondernemen dan verlamd te zijn door angst en inertie (reflecties van de rune van Is). Jaren later kunt u er nog spijt van hebben niet gesproken of gehandeld te hebben, dus wees moedig en ervaar wat voor positieve resultaten het kan hebben. Die compenseren ruimschoots de aanvankelijke pijn toen u de beslissing nam om een verandering door te voeren in uw leven.

DAG 16
Sigil – de zon

Succes, ambitie – vooral in het werk – energie, expansie, onvervuld potentieel, talenten, onverwachte kansen die gegrepen moeten worden

In elk systeem van voorspellingen is de zon het meest positieve en het krachtigste symbool. Deze symboliek komt nog het meest tot uiting in de noordelijke gebieden, waar de zon en warmte zo waardevol zijn. Sigil kan ook voor de bliksem staan en is de derde en meest krachtige vuurrune. Zonnefestivals, vooral gehouden rond de langste dag van de zomer of de zonnewende, worden in heel de noordse wereld gevierd. Grote vuurwielen worden van de heuvels geduwd, brandende teertoortsen over de velden gedragen en vreugdevuren op de heuvels aangestoken om de zon te verwelkomen en ze kracht te geven.

In het verre noorden en Scandinavië was de zon vrouwelijk. In de noordelijke traditie werd de zonnekoets van Sol of Sunna getrokken door de paarden Aarvak (de vroege ontwaker) en Alavin (de snelle). Ze droegen een gouden schild om zich te beschermen tegen de hitte van de zon.

In het Oud-Noordse gedicht wordt Sigil het 'licht van het land' genoemd, waarbij verwezen wordt naar haar natuurlijke rol als levengever. Het IJslandse gedicht ziet de zon als de levenslange vernietiger van het ijs, en herinnert aan het belang van de zon in de koude landen. Het Angelsaksische gedicht verhaalt hoe de zon altijd hoop bracht voor de zeevaarders. Dus dit is een rune om te verwelkomen.

Sigil lezen

We weten allemaal dat de zon er de volgende dag weer zal zijn. Een nieuwe dag biedt nieuwe kansen en een nieuwe start. Onmogelijk dus om deze rune negatief te zien. De zonnerune staat voor energie, groeiend vertrouwen en alle talenten die u in zich hebt en die op zoek zijn naar een uiting.

Sigil gaat over het ontwikkelen van die unieke gaven, nu, vandaag. Deze rune betekent openstaan voor het positieve, geloven in uw eigen kunnen en slagen in alles wat uw dromen aangeven. Uw capaciteiten zullen u op korte termijn succes en vreugde bezorgen. U mag niemand toelaten om dit te verhinderen of u laten ontmoedigen.

In de *I Ching*, in Feng of Hexagram 55, wat voor overvloed staat, wordt de middagzon vaak vertaald als 'Wees niet droevig. Wees als de zon op de middag.' Er zijn geen zekerheden in het leven of de liefde, er is alleen het geluk en optimisme van het heden. Door in het heden te leven vermijdt men de lasten van het verleden en de behoefte aan zekerheden voor de toekomst. Pluk de dag en u zult vreugdevol zijn.

Verborgen Sigil

U krijgt een kans aangeboden of u wilt een nieuwe richting uitgaan. Twijfels spoken door uw hoofd. Herinner u de verbitterde tante die u zei dat u niet zo mooi bent als uw zus en niemand zou vinden die u graag mag; de ontgoochelde leraar die u zei dat u nooit iets zult bereiken; uw eerste geliefde die al uw gebreken tot in detail kon opzeggen; uw werkgever die zei dat u geluk hebt dat u een job hebt en geen reden hebt om te klagen over een 12-urige werkdag en u opdroeg in de nachtwinkel een cadeau te gaan halen voor de verjaardag van zijn vrouw die hij helemaal vergeten was. Het zijn de stemmen van mensen met een eigen agenda en eigen onvolkomenheden die ze willen kwijtraken. Ze komen in verschillende runentekens voor en hun aanwezigheid is zowat het moeilijkste obstakel om te overwinnen.

De zonnerune herinnert u eraan dat er ook voor u een plaats is onder de zon. Er zijn wellicht heel wat dromen die u overboord gegooid hebt in de loop van de jaren. Het is Sigil die u wijst op een verborgen potentieel en zegt dat er nog veel dromen zijn die in vervulling kunnen gaan. Misschien bent u te oud om balletdanser of piloot te worden. Spijt daarover bent u kwijtgeraakt dankzij Eoh. Uw verborgen kunnen, opgelicht door de blanco zijde van Sigil, kan elk aspect van uw leven verlichten.

Een worp met zes runen

Dit is een eenvoudige worp met twee keer drie runen. Wacht tot alle runen geworpen zijn voor u begint met de interpretatie. Bij een tweede worp kunnen enkele runen van de eerste worp vervangen worden door andere. Bestudeer nu net als bij een worp met drie runen de patronen, de cirkels waarbinnen ze vallen en de verborgen aspecten. De lege cirkels zijn net zo belangrijk als die waar de runen in terechtkomen. Als bijvoorbeeld de cirkel van het wezenlijke zelf, Peorth, leeg is, betekent dat dat er zo veel gebeurt in uw leven of dat anderen zoveel vergen van u dat u het contact met uw wezenlijke zelf verloren hebt.

Een worp van zes kan helpen als u voor een complexer probleem staat. Dat kan te maken hebben met anderen of met keuzes die u moet maken.

Karins worp van zes

Karin is begin veertig en voor het eerst zwanger. Samen met haar partner Rick leidt ze een comfortabel leven en reist ze veel. Toen ze trouwden wilde Rick wel kinderen, maar er was helemaal geen haast bij. Toen Karin niet zwanger werd, vond hij het dus ook niet nodig om testen te doen. Hij ging ervan uit dat ze geen kinderen meer zouden krijgen. Nu Karin toch onverwacht zwanger is, is hij bang dat de baby hun hele leven overhoop zal halen en dringt hij aan op een abortus.

Hoewel Karin haar werk als journaliste zeer graag doet, is ze blij dat er een kind op komst is. Ze had de hoop al opgegeven. Ze weet dat de baby haar leven zal veranderen, maar ziet het als een nieuwe stap. Ze besluit de runen te werpen. Ze denkt niet dat ze daarmee dit complexe en pijnlijke conflict zal oplossen, maar hoopt een andere kijk op de zaak te krijgen. Ze wil een antwoord op de argumenten en de druk van Rick om af te zien van de baby. Ze hoopt ook in contact te komen met haar echte gevoelens, die, zoals ze zelf toegeeft, bijzonder complex zijn.

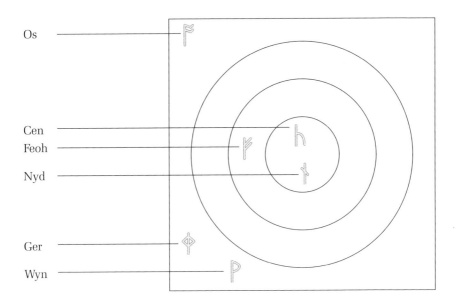

Rune 1: Feoh in Cen, het gebied van de gedachten en de innerlijke wereld

Rune 2: Ger, verborgen in Is, het gebied van wat moet komen

Rune 3: Nyd in Peorth, de cirkel van het wezenlijke zelf

Rune 4: Os, verborgen in Is

Rune 5: Wyn, verborgen in Is

Rune 6: Cen in Peorth

Feoh in Cen, de cirkel van gedachten, hoop en angsten, symboliseert de opoffering die we moeten maken voor elke daad en beslissing. Karins geluk hangt af van de beslissing om de baby te houden en een ander leven te leiden, eventueel zonder haar partner, of om de baby op te geven. Deze gedachten tollen rond in haar hoofd en geven haar een hulpeloos gevoel.

Ger, verborgen in Is, de rune van de oogst, geeft aan dat Karin het gevoel heeft een onvruchtbaar leven te leiden. Naarmate de dagen verstrijken, denkt ze dat het krijgen van een baby een natuurlijke volgende stap is in haar leven. Als ze tegen haar biologische klok en haar verlangen om een kind te krijgen ingaat, kan dat de relatie met haar man kapotmaken. Dit is het dilemma van veel vrouwen en van hun moeders en grootmoeders. Na jaren carrière en relaties roept de natuur. Die roep is zo sterk dat ze die moeilijk kan negeren.

Nyd, de rune van de behoeften, ligt midden in Peorth, de middelste cirkel van het wezenlijke zelf. Karin heeft geen klare kijk op haar behoeften, maar het feit dat ze ongelukkig is toont aan dat haar behoeften niet bevredigd worden. Toch zijn die essentieel om dit probleem op te lossen. Karin verlangt diep in haar binnenste naar de goedkeuring en de steun van haar man, die de vader is van haar kind. Ze wil bescherming tijdens haar zwangerschap, een kwetsbare periode. De behoefte aan bescherming en zorg stelde zich niet in haar huwelijk. Ze was een gelijkwaardige en onafhankelijke vrouw die zelfs onbewust haar partner bemoederde. Wat ze nu wil en verlangt is beslissend, ook al kan het dat haar verlangens niet dezelfde zijn als die van haar partner.

In de buitenste cirkel van Rad, de cirkel van actie en interactie, gebeurt niets. Het is dus tijd om schoon schip te maken met het verleden en plannen te maken voor de toekomst.

Er is veel Is aanwezig. Dat is niet verwonderlijk als we zien dat Karin compleet van slag is. Als alles tegenzit, is het niet onverstandig om tijdelijk niets te ondernemen en niets te zeggen.

Os (communicatie) is verborgen en immobiel in Is. Karin en Rick praten niet – en zoeken ook geen antwoord – op de echte vraag, namelijk: wat blijft er over van hun huwelijk als Karin tegen haar wil een abortus laat uitvoeren?

Runen zeggen niets over het goede en het kwade, maar wel over gevoelens en verlangens van echte mensen in echte situaties in een echte wereld. Het gaat niet om helden en slechteriken, maar om mensen van vlees en bloed. Die proberen in zeer moeilijke situaties te overleven – en pakken het soms verkeerd aan.

Hoe moeilijk het ook is, Karin zal moeten luisteren naar wat haar man te vertellen heeft. Ze zal ook haar eigen verlangens moeten uitspreken die verborgen zitten in rune 3 (Nyd).

De aanwezigheid van Wyn, de rune van persoonlijke vreugde, lijkt verrassend. Het betekent dat Karins persoonlijke geluk nu ligt in het leven dat groeit in haar. Iets nieuws voor Karin en Rick, want allebei denken ze dat de baby een einde zal betekenen van hun individuele vrijheid. Karin beslist haar eigen geluk en dat van de baby boven het verlangen van haar man te plaatsen. Die wil geen verantwoordelijkheid dragen en wil de relatie houden zoals ze is. Het lijkt erop dat Karin alleen verder zal moeten gaan, eerder dan haar zwangerschap op te geven.

Cen, de innerlijke stem, in de cirkel van Karins wezenlijke zelf, stelt dat als de pijn wat verminderd is, ze het antwoord zal vinden. Daarvoor zal ze naar zichzelf moeten luisteren en terugvallen op haar instinct en haar Hogere Zelf (in de vorm van Peorth en Eohl). Dat zal haar aanspreken en haar zeggen wat te doen.

Uiteindelijk is dit innerlijke advies beter dan wat honderd therapeuten, vrienden of helderzienden haar zouden aanraden. De toekomst van de baby hangt volledig van haar af. Hij groeit in haar lichaam en niemand kan voor haar de beslissing nemen om door te gaan met de zwangerschap.

Misschien zal haar man, die Karin dreigt te verliezen, zijn verantwoordelijkheid nemen en haar steunen in haar beslissing. Of hij gaat ervandoor, op zoek naar een omgeving die hem beter ligt. Als hij Karin dwingt om de zwangerschap af te breken, betekent dat wellicht het einde van hun relatie.

De runen beloven geen geluk, alleen het besef dat uzelf de belangrijke beslissingen in uw leven moet nemen. Als u vrede hebt met uzelf, bent u nooit alleen, hoe stormachtig het levenspad ook is.

Ik heb jaren later nog iets vernomen van Karin. Zij en Rick zijn gescheiden en ze brengt haar dochter alleen groot. Een paar maanden na de geboorte had ze opnieuw contact met een vriend van de familie, Tom. Na een jaar trok hij in bij Karin en werd ze opnieuw zwanger. Nu was er geen dilemma. Het is een vast en stabiel gezin. Af en toe bezoekt Rick zijn dochter. Hij heeft een relatie met een oudere vrouw zonder kinderen. Karin werkt thuis en werkt aan een bloeiende carrière. Ze schrijft artikels over kinderopvoeding.

DAG 17
Tir – de Poolster

*Rechtvaardigheid, altruïsme,
zelfopoffering, dromen volgen,
het vertrouwen behouden,
ook in moeilijke tijden*

We zijn beland bij de aett van Tir, de spirituele strijder en de beschermer van de zwakken. Tir is het constante punt in de noordelijke hemel en staat voor de leidende ster, inspiratiebron bij alle inspanningen. De poolster staat op de top van de wereldboom en leidt de mensen op hun spirituele en lichamelijke pad. Sjamanen en magische mannen en vrouwen in het noorden oriënteren zich vaak op de poolster bij hun astrologische ontdekkingstochten.

Tir is de noordse god die de Germaanse algemene vergadering voorzat en rechtsprak. Tir is ook de god van de oorlog, omdat rechtvaardigheid soms beslecht wordt door een gevecht of zelfs een grootschalige oorlog. Men geloofde dat Odin en Tir ervoor zorgden dat recht zegevierde.

In de noordse en IJslandse gedichten wordt Tir ook wel de eenhandige god genoemd. Hij offerde namelijk het meest waardevolle van een krijger op: de hand die het zwaard hanteert. Dat deed hij om Fenris de Wolf te bedwingen en zijn medegoden te redden. Hij wist dat Fenris de Wolf Odin wilde vermoorden. In het Angelsaksische gedicht domineert het aspect van de leidende ster bij Tir. Het wordt beschreven als een speciaal teken dat altijd een goede koers vaart en zich nooit vergist.

Tir lezen

Dit is een speciaal teken, een bron van inspiratie en vertrouwen dat beloond wordt. Tir is een verzekering dat u op de goede weg bent, ook al ontmoet u tal van hindernissen en gaat het traag vooruit. Als u uw unieke pad volgt, zult u net als de sjamanen de ster van vervulling bereiken. U moet u concentreren op uw droom, hoe klein ook. U mag zich niet laten afleiden of overtuigen dat u de verkeerde weg volgt. Dit kan zeer belangrijk zijn als u spiritueel aan het groeien bent en degene rondom u niet.

Uw loyaliteit en verlangen naar rechtvaardigheid zullen op de voorgrond treden, vooral als het om een belangrijke zaak gaat of een principe, of als iemand die u graag mag onrechtvaardig wordt behandeld. Dit is geen moment om compromissen te sluiten, ook al weet u dat uw strijd voor gerechtigheid geen steun zal krijgen van anderen. Die vinden dat u zich niet druk moet maken.

Misschien moet u op korte termijn wel iets opofferen in ruil voor een voordeel op lange termijn. U krijgt de kans uw droom waar te maken. Dat betekent het opgeven van comfort, gemak en zekerheid. U vraagt zich af of het wel de moeite is. Het kan betekenen dat u uw studie 's avonds moet opgeven of geen overuren meer kunt maken om die promotie te halen. U geeft een zeker leven op voor een leven met meer zin en betekenis. U zet de eerste stappen die zo moeilijk te combineren lijken met alle andere eisen van het leven. Ze zullen u de weg tonen als de leidende ster. De boodschap is dat al deze inspanningen u veel zullen opleveren, niet onmiddellijk maar in de komende maanden.

Verborgen Tir

Mogelijk offert u zich nodeloos op voor iets dat het niet waard is. Misschien bent u altijd diegene die zich alle problemen in het gezin aantrekt of onrechtvaardig gedrag moet verdragen op het werk.

Vrouwen offeren zich elke dag op zonder erover na te denken. Soms is dat zinvol: we moeten allemaal wel eens zorgen voor een ziek kind of familielid, een leuk weekend opgeven voor een saaie familiebijeenkomst, afkeuring verdragen van het werk omdat ons kind vraagt dat we een schoolvoorstelling bijwonen.

Vele opofferingen zijn het gevolg van het egoïsme en de tekortkomingen van anderen. Zinloze opofferingen dus. Jarenlang heb ik kinderen die de schoolbus misten naar school gebracht met de auto. Ik kon zowaar zelf een busdienst organiseren. Hoe vaak heb ik na een lange dag werken niet thuis nog de afwas gedaan, terwijl mijn gezin zich daar helemaal niet om bekommerde. Ik zweeg, kropte alles op en compenseerde dat door te veel te eten of migraine te krijgen. Deze rune krijg ik het meest te zien bij mijn lezingen. Na al die jaren voer ik daar nog altijd een strijd tegen.

Ook veel andere vrouwen die ik gesproken heb, kunnen zich hierin terugvinden. Kinderen of niet, ze hebben vaak relaties waarin ze meer investeren dan ze ervan terugkrijgen. Onredelijke werkgevers, inefficiënte collega's en vastgeroeste ambtenaren die allemaal offers vragen voor hun waan van belangrijkheid. Het beste is om al deze opofferingen te staken en tijd en energie vrij te maken voor Tir, en uw eigen ster te volgen.

DAG 18
Beorc – de berk

Vernieuwing, genezing, fysieke of spirituele herbronning, vruchtbaarheid, natuur en milieu

Beorc is de rune van Nerthus, de oude noordse moeder. Ze was de godin van de aarde die aanbeden werd door de neolithische volkeren van Scandinavië en Denemarken. De traditie werd voortgezet met Frigga of Frig, de vrouw van Odin, die geassocieerd werd met vruchtbaarheid en moederschap en die door vrouwen in arbeid aangeroepen werd.

Deze rune staat voor de levenscyclus van geboorte, dood en herboren worden. De berk was de eerste boom die het land veroverde na het smelten van de ijskap aan het einde van de laatste ijstijd. Volgens de oude gedichten 'plantte de berk zich voort zonder zaad en raakten zijn glanzende takken de hemel'.

Berken werden in noordse landen voor een woning geplant om de bescherming van Moeder Aarde in te roepen. Die traditie verspreidde zich zelfs bij de Amerikaanse pioniers. Beorc is de groene rune van Moeder Aarde en is net als Gyfu belangrijk voor vrouwen wegens het levengevende en genezende aspect.

Beorc lezen

Vrouwen die een kind willen, zien deze rune als een teken dat de kracht van Moeder Aarde in hen is. Beorc staat ook voor de zonneschijn na de regen en de belofte dat het leven beter wordt.

Hoe kunnen we nog twijfelen als de rune van het herboren worden, van nieuw leven, groei en verbondenheid met de aarde geworpen wordt? Dit is een moment in uw leven dat u behoefte hebt aan vernieuwd enthousiasme, energie en vruchtbaarheid. Dat kan een relatie zijn, een kind of nieuwe ideeën en projecten. Aangezien de berk zichzelf voortplant, draagt ook u het zaad van inspiratie in u.

Als u vermoeid bent of zich lusteloos voelt, trek dan de natuur in – zelfs het kleinste stadspark kan u energie geven. Het zijn niet alleen de oude hippies die bomen omhelzen: de groene kracht kalmeert ons en brengt ons in contact met elke vrouw die naar de bossen en velden ging om nieuwe kracht op te doen en die door te geven aan anderen.

Uw natuurlijke helende krachten treden naar voren. Het zijn die krachten die u gebruikt als u een opleiding volgt in een van de vele helende technieken, ook als u spontaan het voorhoofd streelt van een vriend of geliefde die migraine heeft. U gebruikt die krachten ook als u instinctief ruzies beslecht tussen minnaars of collega's of campagne voert voor het behoud van de natuur, de bossen, de stranden en lucht.

Beorc is bovenal de rune van het nieuwe leven, van hoop na stagnatie of verlies. Het herstelt de gewonde ziel van een geliefde en brengt liefde in een relatie die mank loopt. Het helpt u, na een teleurstelling, uw leven te leiden op uw voorwaarden. Het brengt u in contact met de vrouwelijke kracht die haar wortels heeft in de aarde.

Verborgen Beorc

Moeder Aarde heeft ook haar donkere kant. Ze veroorzaakt overstromingen, droogte en orkanen. Ook de vernietiging van het oude maakt deel uit van de eeuwige cyclus van groei en verval. Een verborgen Beorc staat voor de donkere kracht van de Moeder. Het is de Griekse Hecate, de kroon van de nacht, de oude godin van de beenderen. Die nam de mensen en de goden terug en hervormde hen tot iets nieuws. Shakti-Kali van de Hindoereligie danst op het lijk van Shiva, de oppergod. Zo wekt hij hem tot leven en geeft de andere goden kracht. Het is maar een van de vele voorbeelden van de wrede kant van de Moeder-godin.

Zelfs verborgen is Beorc een machtige rune die bevestigt dat transformatie de sleutel is tot vreugde. Dit weten kan u voor moeilijke keuzes plaatsen. Het kan betekenen dat u anderen fouten moet laten maken en hun eigen leven laten leiden, ook al ziet u dat het soms misloopt.

Sommige aspecten van het leven veranderen spontaan. Sommige vrouwen hebben meerdere kinderen en gaan volledig op in het moederschap. Vaak doen ze dat omdat dit stadium in hun leven voor hen zeer krachtig is. Andere vrouwen, die hun kinderen niet zelf hebben opgevoed, om welke reden dan ook, ervaren dat ze hun creativiteit voor andere zaken hebben gebruikt. De menopauze is voor vrouwen het einde van de vruchtbaarheid. Als deze periode gebruikt wordt om te veranderen, kan het een begin zijn van een immens rijke periode, vol spirituele en emotionele belevenissen.

Er komt een tijd waarin een vrouw zich op zichzelf moet concentreren. Dat heeft niet altijd te maken met leeftijd, menopauze of het moederinstinct. Omdat ze, net als de berk, zelf zaad voortbrengt, kan ze het meest vruchtbaar zijn voor zichzelf door de relaties met anderen, maar het meest van alles door de relatie met haar zelf. Meer daarover bij de rune Ing.

DAG 19
Eh – het paard

Een goede verstandhouding tussen mensen of tussen de interne en externe wereld, vriend- en partnerschappen, verhuizen of veranderen van werk

Eh wordt geassocieerd met het paard, een heilig dier bij de vikingen, vooral dan het paard dat de krijger begeleidde naar de oorlog. Het symboliseert de goede verstandhouding tussen krijger en paard. Deze rune, alleen vermeld in het Angelsaksische gedicht, benadrukt de vreugde die een paard betekent voor de berijder. Het staat voor het prinselijk gevoel dat hij krijgt door het te berijden.

Als een krijger sneuvelde, werd zijn paard vaak bij hem begraven. Een geliefd paard dat stierf, kreeg een speciale begrafenis. Odin had een achtvoetige grijze hengst, Sleipnir, die hem begeleidde naar de oorlog. Op zijn tanden had Odin runen gegraveerd die het paard onoverwinnelijk moesten maken.

Eh lezen

Bij Eh kunt u het best niet alleen handelen, maar samenwerken, partnerschappen, joint ventures sluiten en gezamenlijk plannen maken. Hebt u een probleem, dan is het goed om anderen te raadplegen. Dat kan uw financieel adviseur zijn, uw beste vriend of een onpartijdig iemand. Met de hulp van anderen zal het duidelijk worden welke beslissing u het best neemt en zult u oplossingen vinden voor het probleem.

Aangezien het paard geassocieerd wordt met beweging, is dit het moment om in actie te komen, om uw carrière een nieuwe wending te geven, te verhuizen of een reis te plannen. Op die manier geeft u toe aan uw rusteloosheid die uw concentratievermogen en betrokkenheid bemoeilijkt. Soms kan een of twee dagen erop uittrekken wonderen doen. Een kort uitstapje, alleen of met uw partner, weg van de spanningen van alledag, kan uw relatie nieuw leven inblazen.

Neem de kans om de verschillende aspecten van uw leven af te wegen en uw prioriteiten te herschikken. Uitputting kunt u tegengaan door enkele avonden vroeg te gaan slapen en activiteiten te schrappen die niet meer nuttig of aangenaam zijn. Een kleine lenteschoonmaak bij uzelf kan duidelijk maken dat het wekelijkse bezoek aan uw vriend of familielid nutteloos is of energieverslindend.

Het lezen van runen betekent dat u tijd uittrekt voor uzelf. U kunt nog op tal van andere manieren werken aan uw spirituele groei: op uzelf, door boeken te lezen of cursussen te volgen. Om uw psychische energie te versterken kunt u het volgende doen: reciteer mantra's of zinnen met macht terwijl u naar een kaars, fontein of wateroppervlak kijkt. Die minder tastbare aspecten van uw leven kunnen het evenwicht herstellen als u onder grote druk staat en er van u veel verwacht wordt.

Verborgen Eh

Uw leven in evenwicht brengen heeft wel wat weg van goochelen. U probeert uw werk, privé-leven en vrije tijd te combineren met het vaak vergeten zelf. Daarnaast probeert u nog de behoeften van anderen met elkaar te verzoenen en alles in harmonie te brengen. Mannen gedragen zich soms als bronstige herten in strijd voor het wijfjeshert. Zonen en mannen, vaders en grootvaders, werkgevers, werknemers en collega's willen allemaal uw aandacht en verstrengelen hun hoorns, vooral op het thuisfront. De vrouwen in uw leven kunnen in hetzelfde bedje ziek zijn: uw moeder versus haar moeder, twee grootmoeders die vechten voor een kleinkind of collega's met al te lange tenen.

U voelt zich niet evenwichtig meer nadat u al de problemen van anderen hebt proberen op te lossen. Zo gebeurt het dat u in de supermarkt een doos eieren laat vallen en onhandig vloekt, of bijna huilt als het faxtoestel niet meer wil. Het onevenwicht bij vrouwen heeft niet zozeer te maken met hun hormonen, maar vooral met de conflicten die voortkomen uit de poging om de ander in evenwicht te houden.

Stop hiermee en neem tijd voor uzelf. Ook al is het maar 20 minuten per dag dat u absoluut niets doet. Speel in elk geval niet de verzoener in elk conflict dat zich thuis, op het werk of bij vrienden voordoet. U kunt zelfs de tweedracht aanwakkeren door telkens als er ruzie is, met de witte vlag te wapperen. Als de vechtende partijen geen publiek meer hebben, en dat bent u, kan het minder aantrekkelijk worden om ruzie te maken.

DAG 20
Man – de mensheid

Wijsheid, rijpheid, aanvaarding van uzelf en de anderen, verborgen krachten en talenten, verouderen en sterfelijkheid, ons leven als deel van een groter geheel

De mensheid werd in de oude wereld van het noorden vaak gezien als een weerspiegeling van de godheid die drie functies in zich verenigde: strijder, landbouwer en heerser/tovenaar.

In noordse mythologische verhalen werden de eerste man en vrouw gemaakt uit bomen, een es en een olm. Odin gaf hun de levensadem, Vili begiftigde hen met intelligentie en een liefhebbend hart, en Ve zorgde voor hun natuurlijke zintuigen. Ask, de man, en Embla, de vrouw, kregen Midgard of Middelaarde als thuis; en dat was het begin van het menselijk ras.

Tijdens de vernietiging van de bestaande orde bij de laatste slag, Ragnarok, zochten hun afstammelingen Lif en Lifthrasir beschutting in de wereldboom. Ze overleefden de holocaust en bevolkten de nieuwe wereld.

Man zegt dat, ook al overlijden mensen, ze verder leven in hun daden en afstammelingen. Deze rune is daarom een ode aan de kracht van de individuele mens en zijn band met het menselijke ras, altijd en overal. Het is Jungs twee miljoen jaar oude man die in elk van ons leeft. Volgens de noordse gedichten wordt het menselijk leven gevormd door het tot leven komen van stof. Het Angelsaksische gedicht beklemtoont de sterfelijkheid. Het is een van de runen waar het christelijke concept domineert over de oorspronkelijke, meer positieve betekenis (zie ook verder bij Ear, de rune van het stof).

Man lezen

Man is een zeer diepzinnige rune en gaat over het belang van de wijsheid en ervaring. Jongere vrouwen die deze rune kiezen, zijn dikwijls wijs voor hun leeftijd. Want dit is de rune van de wijze raadgever. Men ziet zijn eigen leven en dat van anderen als deel van een groter geheel. U bent het type vrouw die op de trein het levensverhaal aanhoort van een medepassagier. Vreemde mensen vragen u voortdurend om raad.

Hoe oud u ook bent, uw innerlijke schoonheid straalt van u af en u bent geen slaaf van modegrillen.

Gebruik uw natuurlijke krachten om een leven te leiden dat goed is voor u. U hoeft niet bang te zijn om uw zwakheden toe te geven of de hulp in te roepen van anderen. Omdat u zo sterk en bekwaam bent, zien anderen niet dat u ook kwetsbaar bent, dus zult u zelf hulp moeten vragen. Als u de Gyfurune gebruikt, kunt u anderen laten geven. Zo voorkomt u dat u door de druk van de vele eisen te veel energie verliest.

Verborgen Man

Veel vrouwen hebben geen enkele moeite met zwakheden van anderen en zijn opmerkelijk eerlijk over hun eigen zwakheden. Door dat te doen onderschatten ze hun eigen kracht en bekwaamheid en zien ze anderen als competenter, beter georganiseerd en gelukkiger dan henzelf.

Als u goed luistert naar de ander, zult u merken dat ze u op dezelfde manier zien: ook zij denken dat u de onverstoorbaarheid zelf bent. Mevrouw Perfect, het slanke, eeuwig glimlachende centrum van de perfecte familie die u ziet in reclames op televisie is een mythe. Ook Mevrouw Die-alles-heeft met de nieuwe sportwagen, glanzende haardos, schitterende glimlach en aanbiddelijke partner bestaat niet. Komt u haar 's morgens tegen, dan zal ze u evengoed afsnauwen, mopperen op de ladders in haar nylons en op zoek zijn naar haar autosleutels.

Misschien bent u onlangs het slachtoffer geweest van oneerlijke kritiek, wrok of roddel. Wie behoefte heeft om een ander onbekwaam te doen lijken, heeft vaak zelf een imagoprobleem. Kijk door de oppervlakte en u ziet een klein meisje met wrok dat u op de speelplaats voetje wil lichten of dat jongetje dat tegen uw spiksplinternieuwe fiets rijdt omdat u sneller rijdt dan hij. Denk terug aan diegenen die u kleineerden in uw kindertijd en ze zullen de macht niet meer hebben om u eronder te krijgen. Net zoals u terugvocht in uw kindertijd, mag u hen nu ook niet toelaten dat ze u het leven zuur maken. Nu kunt u uw logisch denken gebruiken om hen te verslaan.

DAG 21
Lagu – het meer

*Geboorte en begin, emoties, de gebeurtenissen volgen,
onbewuste wijsheid en intuïtie*

Lagu is de rune van het water of de zee. Voor de vikingen was het water een beangstigend maar ook opwindend element: zeereizen konden gevaarlijk zijn, maar ook leiden tot wonderbaarlijke tochten en grote veroveringen of ontdekkingen van nieuw land. In de verhalen van de nobele exploten wordt vaak vergeten dat velen de reizen over de stormachtige oceanen niet overleefden.

De noordse goden en godinnen van de zee namen en gaven leven en waren een bron van vruchtbaarheid en rijkdom. Zeevaarders droegen altijd een muntstuk met een gat erin of een gouden oorring. Zo bewezen ze eer aan Ran, de zuster en gade van Aegir, de belangrijkste zeegod. Als ze verdronken mochten ze verder leven in haar koraalgrotten.

Als een leider van de expeditie nieuw land ontdekte, werden de 'ainstafar' in zee geworpen (grote houten palen van de ridderzaal). Waar de stromingen de palen aan zee bracht, gingen ze aan land en markeerden ze hun nieuw gebied.

Lagu lezen

Net als Eh, het paard, is deze een rune van beweging en ontdekking. Ze kan geworpen worden als u een nieuwe start plant of verlangt. Ze is de rune van water en gaat over het meedeinen op de golven, net zoals we in de jaren zestig elke weg die zich opende insloegen, ook al leek die op het eerste zicht niet veelbelovend. De rune betekent ook onzekerheid, maar in de zin van anticiperen en de toekomst zien als een avontuur.

In de Noord-Europese en mediterrane traditie staat het element water voor emoties en intuïtie. Dus moet u uw gevoelens, en niet uw logisch denken of de meningen van anderen, laten spreken bij uw beslissingen. Emoties zijn het grootste geschenk van vrouwen. Ze hebben de gave om bewogen te worden door het lijden van anderen en hun verdriet en vreugde te delen. Ze leven mee met de wereld en leven zich in in de gevoelswereld van de anderen.
Die gevoelens zijn anders dan sentimentaliteit en liggen dicht bij uw natuurlijke intuïtie. Intuïtie is vaak het beste middel om zich te laten leiden. Wat mensen zeggen en wat ze bedoelen kan heel verschillend zijn. U moet dus door de oppervlakte heen kijken. Vanuit uw hart spreken is wellicht de beste methode om tot positieve communicatie te komen en geluk te bereiken.

Uw nieuwe start neemt u met grote gevoeligheid, vooral als u al eens gekwetst werd of moeilijkheden hebt gehad in uw leven. Laat uw vertrouwen en zekerheid langzaam groeien. De machtigste rivier ontspringt aan een kleine bron. Waar u nu mee begint, kan van groot belang zijn in de toekomst.

Verborgen Lagu

Emotionele manipulatie of emotionele chantage is het verborgen aspect van Lagu. Emotie en sentiment zijn zeer verschillend. Een ex-minnaar stuurt u bloemen en liefdesverklaringen. Maar u weet diep vanbinnen dat de relatie niet lukte en destructief was. Als u opnieuw samen zou zijn, zouden de problemen weer opduiken.

U hebt een werknemer die het ene smartelijke verhaal na het andere brengt. Hij of zij komt vaak niet naar het werk, is altijd te laat, onbekwaam en verliesgevend voor u. Als u hem zou ontslaan vindt hij, met zijn vijf kinderen en zes katten met jongen, geen werk meer en zal hij op straat belanden. Of uw kinderen zijn terug in huis komen wonen en verlangen bediend te worden in het goedkoopste hotel van de stad. Of ze zetten u onder druk om voortdurend babysitter te spelen voor hun kinderen zodat zij kunnen uitgaan.

Wanneer anderen onrechtmatig onze gevoelens manipuleren, is het mogelijk dat we de situatie handhaven door hen de reden om voor zichzelf te zorgen te ontnemen. Natuurlijk zult u uw ouder familielid niet in de steek laten op Kerstmis of een vraag om hulp van de buurman of vriend negeren. Toch is het belangrijk om stilletjes aan uw steun te verminderen aan diegenen die het niet nodig hebben. Een stel gezonde ouders heeft niet elke week uw bezoek nodig, zeker niet als u de enige dochter bent die ze nog niet beledigd hebben. Een rijke collega die om een lift vraagt en nooit een bijdrage doet voor de benzine kan beter de trein nemen. In elk geval moet het autodelen aantrekkelijker worden voor u. Het is moeilijk om hulp te weigeren van een emotionele en financiële profiteur die u dan nog graag mag.

Als u vermoedt dat u gevoelig bent voor dit soort gedrag, luister dan naar uw hart en beeld u in dat u iemand anders moet adviseren.

DAG 22
Ing – de god van het graan

Bescherming, vruchtbaarheid, zich terugtrekken om sterker te worden, wachten, de dingen hun gang laten gaan

Net als Ger en Beorc is Ing een vruchtbaarheidsrune die heel sterk in verbinding staat met de natuur en de oogst. Ing was de oude Germaanse god van de aarde. Zoals in vele oude religies van de aarde, was Ing de god van het graan die elk jaar stierf tijdens de oogst en opnieuw tot leven kwam in midwinter om in de lente voor nieuw leven te zorgen. Ing was daarnaast traditioneel de god van het huis en de haard. In de woningen waren er rond de haard zitplaatsen waar de mensen zich op koude momenten konden warmen aan het vuur. Het is dus in de eerste plaats een beschermende rune, vooral van het huis, en soms kan men nu nog zien dat Ing gegraveerd wordt op de gevel van een huis.

De god van het graan maakte na de koude winter met zijn heilige wagen een rondrit op de velden om de vruchtbaarheid terug te brengen. In het Angelsaksisch gedicht, eigenlijk het enige dat over Ing spreekt, rijdt Ing zijn wagen oostwaarts, of ook wel achterwaarts in sommige vertalingen. Hij rijdt daarmee tegen de richting van de zon in, over de golven. Deze lange reis bracht hem naar het gebied van de duisternis. Dat gebied werd bewoond door de Etins of Reuzen en het staat symbool voor de jaarlijkse rituele dood van Ing in de oogsttijd.

Het sterrenbeeld dat we kennen als Ursa Major of de Grote Beer in de moderne westerse astrologie, werd in de noordse traditie Wagen genoemd.

Ing lezen

De boodschap van de Ing-rune is dat u plannen moet maken voor de toekomst. Ze kunnen wortel schieten en later vruchten voortbrengen. Het is op de eerste plaats een rune van het geduld, in tegenstelling tot onze moderne wereld waar alles – voedsel, liefde en succes – direct bevredigd moet worden. Fruit en groenten worden geforceerd in hun groei door intensieve teeltwijzen. Door die onnatuurlijke ingrepen missen ze de maturiteit die ze verwerven door het trage groeien in de zon.

Wilt u een baby, succes of promotie, dan is dit het moment om uw plan uit te voeren. Belangrijk is dat u dit project of deze relatie met geduld en rustige inspanningen uitvoert en niet op zoek gaat naar directe bevrediging. Sommige vrouwen blijken onvruchtbaar na het stoppen met de pil omdat ze angstig worden van het feit dat ze niet meteen zwanger worden. Vroeger was de menselijke vruchtbaarheid verbonden met het land. De koppeltjes vrijden op het veld op het eind van mei en tijdens de zonnewende om zo de natuurlijke energieën aan te wenden.

Algemener staat Ing voor de natuurlijke ritmes van een vrouwenleven. Soms wordt het premenstrueel syndroom veroorzaakt doordat men geen rust inbouwt tijdens de cyclus. Als een vrouw menstrueert of in een andere spirituele fase is van haar vruchtbaarheid, heeft ze behoefte aan rust. Even terugtrekken voor enkele kalme oefeningen, bezinning of slapen is belangrijk. Onze zuster, de kat, heeft dat bijzonder goed begrepen.

Zet dus het antwoordapparaat af, de computer uit en neem elke dag een beetje tijd om naar een mooie bloem te kijken. Neem plaats aan een fontein, kijk naar de wolken, trek u terug in uzelf om uw creativiteit te herstellen. Als u naar uw lichaam luistert, zult u weten wat het nodig heeft. Vaak hebt u de indruk dat het behoefte heeft aan tabak, voedsel of alcohol, wat een snelle energiekick geeft, maar de basisbehoefte niet tegemoetkomt. Besteed veel aandacht aan uw lunch- en koffiepauzes – dit is niet de tijd om problemen op te lossen of te winkelen.

Verborgen Ing

U hebt uw best gedaan in een bepaalde situatie, hebt bijvoorbeeld geprobeerd partijen te verzoenen, maar dat is niet gelukt. Of u hebt ongelooflijk hard gewerkt en hebt het gevoel dat dat niet gewaardeerd wordt. Misschien lukt het niet in een liefdesrelatie of bent u met zoveel tegelijk bezig dat u uitgeput bent. Dan is het wellicht het best om alles te laten rusten – tijd is de beste genezer en hersteller.

Nu kunt u zich het best terugtrekken en alleen die mensen zien waar u zich goed bij voelt. Laat geen amateurpsychologen of andere mensen toe die menen 'voor uw bestwil' uw zwakke punten te moeten analyseren.

Als u woedend of gefrustreerd bent, gooi dan bloemen van een brug, stenen in het water of begraaf een symbool in uw tuin en zaai er in de lente bloemen rond. Verzorg uzelf door elke dag iets te doen dat u leuk vindt: een zalig bad nemen; een romantische film bekijken, een uurtje lezen in een boek, Mah Jong spelen of patience op de computer. Laat het werk even liggen.

DAG 23
Odal – het thuisland

ᛟ

Thuis, huiselijke zaken, vriendschap, familie en financiële zaken, stabiliteit, verantwoordelijkheid en zekerheid

Odal is de rune van de gewijde omheining, het thuisland, het dorp, de eigen haard. Het is de rune van het thuis, gezin en gewoonten, plichten en verantwoordelijkheden die ermee gepaard gaan. In de runengedichten staat dat Odal door elke mens bemind wordt. Deze huiselijke tevredenheid wordt in verband gebracht met een geslaagde oogst, met materieel comfort dus. Hoewel de noordse volkeren zwervers waren, was hun thuis ook zeer belangrijk voor hen. Een nieuw thuis creëren in een nieuw land, ook al was het tijdelijk, was een prioriteit, zoals ook de rune Lagu toont.

Odal lezen

Huiselijke zaken treden op de voorgrond, of u nu alleen leeft of met een gezin of vrienden, of u een reiziger bent of altijd aan het zwerven bent. Het is een tijd om u te nestelen, het is niet het moment voor sterke passies of opwinding. U overweegt het huis voor de eerste keer te verlaten of wilt verhuizen, misschien naar een ander soort woning doordat er iets veranderd is in uw leven. Vrienden en familie zijn nu zeer belangrijk, en ook uw financiën, zeker als die labiel zijn.

U verstaat de kunst om een gastvrije sfeer te creëren voor anderen en uzelf, waar u ook woont of werkt. Het is een gave die anderen aantrekt.

Misschien hebben invloeden van buitenaf uw leven overhoop gehaald, zijn gezinsleden vertrokken of zijn er nieuwe bijgekomen. Het is dus tijd om de familiebanden aan te halen en prioriteiten en loyaliteiten te bepalen. Nu scheiding en hertrouwen zo vaak voorkomen, kunnen vrouwen die alleen wonen verschillende soorten relaties hebben: met alleenstaande familieleden, stieffamilie en vrienden die gescheiden zijn. Conflicterende loyaliteiten kunnen een probleem vormen. Het is belangrijk dat u zich niet laat dwingen een keuze te maken en dat u de rust in uw eigen huis bewaart.

Ook op het werk is het belangrijk dat u het status-quo handhaaft en niet aan iets nieuws begint. Belangrijk is dat u emotioneel en financieel stabiel bent voor u een nieuwe stap in uw carrière overweegt of een verhuizing plant. Hoewel het traag lijkt te gaan, stap voor stap, legt u een stevig fundament voor uw geluk op alle vlakken. Dit is dus een rune om te verwelkomen.

Verborgen Odal

Thuis verloopt niet alles op rolletjes. Er zijn financiële en praktische problemen die onoplosbaar lijken. U voelt zich bedreigd door de buitenwereld. Op het werk slaagt u er niet in te doen wat van u verlangd wordt. En als u zoekt naar bondgenoten, zijn die allemaal gaan douchen (met uw shampoo natuurlijk) of zijn ze op jacht in de stadsjungle. Intussen zorgt u voor het amusement van uw partners moeder. Dat betekent winkelen, koken, poetsen op het gevaar af dat het niet goed genoeg is. En dat allemaal terwijl u weet dat de boekhouder van het bedrijf morgen uw rapport verwacht. Daarbij moet u geregeld van uw schoonmoeder horen dat haar zoon zo hard werkt. U weet beter, hij is vast iets aan het drinken in zijn favoriete café.

Evenwicht en harmonie bereikt u door reorganisatie – of prioriteiten stellen zoals het nu heet. Gebruik dus uw briljante organisatorische vaardigheden om het leven thuis en op het werk makkelijker te maken. Dat kan betekenen dat u stap voor stap de andere spelers in de soap thuis en op het werk moet herprogrammeren. Als uw geld de deur uitvliegt door banale verspilling – medebewoners die bijvoorbeeld het licht laten branden terwijl de rekening gedeeld wordt – dan bent u wel verplicht regels op te stellen en te zorgen voor een eerlijke verdeling van de kosten. Dit lijkt allemaal mijlenver verwijderd van de runenwereld. Als u voortdurend moe, geënerveerd of wrokkig bent, zullen meditatie, verbeelding en versterkende rituelen echter geen zoden aan de dijk zetten. U dient meer praktische maatregelen te nemen.

DAG 24
Daeg – zonsopgang

Plotse helderheid na twijfel of verwarring,
verlichting, licht aan het einde van de tunnel,
optimisme, een kans om met een schone lei te beginnen

In de noordse mythologie gaf Nott, de godin van de nacht, leven aan een stralende zon, Daeg. Zijn naam betekende dag. Toen de goden de schittering van Daeg zagen, gaven ze hem een strijdwagen, getrokken door een witte hengst die Skin-faxi heette (Schitterende Manen). Zijn schitterende manen, briljante stralen licht die zich in alle richtingen verspreidden, maakten een einde aan de nacht en de angsten die daarmee gepaard gingen.

Daeg verwijst naar het samenkomen van de dag en de nacht bij zonsopgang, het begin van een nieuwe dag in de noordse wereld. Daeg is het tijdstip van fusie en overgang en heeft speciale kracht. Deze rune staat voor het evenwicht tussen tegenstellingen en is als de kaart 'de wereld' in het tarot. Ze is de vereniging van ongelijksoortige krachten in harmonie, synthese en integratie. Met deze harmonie begint de verruiming van mogelijkheden en van de horizon, fysiek, psychisch en spiritueel.

Het Angelsaksische gedicht, het enige dat Daeg vermeldt, verwijst naar de boodschapper van de Heer. Dit is een duidelijk christelijk element in de runen. Of het nu om het daglicht gaat, de zonnegod of de christelijke godheid die verlichting brengt, de belangrijkste boodschap is dat het licht van Daeg schijnt voor arm en rijk en hoop brengt voor iedereen.

Daeg lezen

Dit is de rune van de goede fee. Als we goed genoeg kijken, is het licht daar. De wolk die boven u hangt heeft wel degelijk een zilveren rand. In de nabije toekomst heeft uw leven opnieuw zin. U vindt het laatste stukje van de puzzel en krijgt een overzicht over uw leven. De psycholoog Abraham Maslow had het over piekmomenten, ervaringen van verlichting en vreugde, die zo intens zijn en los van de tijd, dat heel uw leven erdoor verandert. Sommige vrouwen ervaren dat bij een orgasme dat ze hebben met een partner die spiritueel en fysiek dicht bij hen staat, andere door meditatie.

Voor de meeste mensen komen deze momenten spontaan en geheel onverwacht: een schitterende zonsopgang, kleine momenten van vreugde, de eerste glimlach van een baby, een liefdesverklaring nadat u alle hoop opgegeven had, onverwachte vriendelijkheid, de fantastische ervaring als u voor het eerst overeind blijft op een fiets of surfplank.

En zo ervaart u dat het leven makkelijker wordt en het licht dichter komt. U gaat op reis, geeft juiste en verlichtende interpretaties van runen aan anderen en uzelf, zonder ook maar te moeten nadenken over hun betekenis. U slaagt voor een examen of een sollicitatie. U wordt 's morgens wakker, kijkt naar de tuin en realiseert u dat u alles in het leven hebt. U beseft dat uw relatie of uw leven alleen goed is en dat u uw lot in eigen handen hebt.

Verborgen Daeg

De rune van de goede fee kan geen slechte betekenis hebben. Daglicht kan echter trager zijn dan u had gehoopt. U vraagt zich af of u ooit het geluk zult vinden en of uw inspanningen vruchten zullen afwerpen. Verlies de moed niet, u bent op de juiste weg. Het antwoord is daar. Blijf geloven in uzelf en het licht zal stilaan dichter komen en u zult weten dat alles de moeite is geweest.

Een worp met negen runen

Voor belangrijke zaken en een overzicht over uw hele leven, kan een worp met negen runen onthullend zijn door de positie van de runen tegenover elkaar en de cirkels waarin ze vallen. U kunt de runen per reeks van drie gooien en in dezelfde volgorde interpreteren. U kunt ook beginnen met de grootste groep. Een worp met negen runen is het meest geschikt om uw leven te beoordelen en kan het best om de twee of drie weken gebeuren. Tenzij u een bijzonder betekenisvolle of moeilijke periode ervaart; dan kan een wekelijkse lezing nuttig zijn. Als u runen leest voor anderen dan is een worp met negen runen beter dan met een kleiner aantal. Zo krijgt u een beter beeld van de onderliggende zaken, vooral als de vragensteller een vreemde is.

Suzannes worp van negen

Suzanne is begin vijftig en gescheiden. Ze schrijft populaire historische boeken. Ze is van plan, nu haar kinderen het huis uit zijn, om naar Spanje te verhuizen.

Toen ze haar huis te koop aanbood, kreeg ze onverwacht een job van lector aangeboden aan de plaatselijke universiteit. Ze kon deel uitmaken van een onderzoeksteam dat adviezen formuleerde voor geschiedkundige schoolboeken. De job biedt haar zekerheid, verlof, een ziekteverzekering en een degelijk pensioen, dat ze nu niet heeft. Ze leeft van haar schrijfwerk, een onzekere job. Maar ze houdt van Spanje en spreekt de taal vloeiend. Het is altijd haar droom geweest er te wonen. Haar kinderen proberen haar te overtuigen om voor de zekerheid en de job te kiezen.

Ik heb de runen in drie reeksen van drie verdeeld, zodat u kunt zien hoe de lezing wordt opgebouwd.

Suzanne gooit met een volledige set runen:

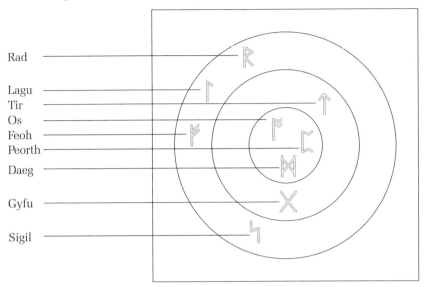

Rune 1: Tir in Cen, de cirkel van de innerlijke wereld

Rune 2: Daeg, verborgen in Peorth, de cirkel van het wezenlijke zelf

Rune 3: Sigil, verborgen in Rad, de cirkel van actie en interactie

Tir in de cirkel van Cen betekent dat Suzanne eraan denkt haar leidende ster te volgen, die haar naar Spanje zou brengen. Hoewel ze haar droom nog maar aan het plannen is, is die belangrijk en kan die voor voldoening zorgen.

Daeg is verborgen in de cirkel van Peorth. Dat betekent dat het licht (misschien wel letterlijk het heldere zonlicht van Spanje) en de verruiming van de horizon belangrijk is voor haar echte persoon. Het verborgen karakter geeft aan dat Suzanne gefrustreerd is. Nu ze de kans heeft om haar droom waar te maken, doet zich een andere mogelijkheid voor die zekerheid inhoudt en haar doet twijfelen. Deze rune zegt haar dat ze trouw moet blijven aan haar wezenlijke zelf.

Sigil, de zonnerune, verborgen in Rad, staat voor haar niet gerealiseerd potentieel dat op zoek is naar vervulling. Dat kan de job zijn als lector en het onderzoeksproject. Maar, aangezien Suzanne zegt dat ze van schrijven houdt en Spanje het land van de zon is, ziet ze haar vertrek naar Spanje als de goede keuze. Bovendien heeft haar uitgever haar gevraagd een historische roman te schrijven die zich afspeelt in Spanje. Ze had gehoopt de geschiedenis van Andalusië te bestuderen terwijl ze daar ook woonde. Suzanne droomt er al jaren van om fictie te schrijven.

Rune 4: Rad in Rad, de cirkel van actie en interactie

Rune 5: Lagu, in de cirkel van Rad

Rune 6: Gyfu, verborgen in Cen, de wereld van haar gedachten

Rad in Rad is duidelijk een teken van beweging, reizen en dromen vervullen. Het niet als de oude vikingen zitten wachten in de ridderzaal, praten over het glorieuze verleden en plannen maken voor de lente.

Lagu in Rad is ook een rune die een bloemenkind van de jaren zestig zou herkennen. Ze betekent: 'volg uw hart en laat u meedrijven op de stroom'. Ze waarschuwt ook voor mensen die iets anders zeggen dan ze bedoelen, een concept dat in de volgende rune wordt uitgelegd.

Gyfu, verborgen in Cen, geeft aan dat een relatie de oorspronkelijke behoefte verdringt. Ik was er niet zeker van, maar Suzanne had het voortdurend over haar kinderen. Ze voelde zich schuldig dat ze hen verliet, ook al was het maar twee uur vliegen naar Spanje. Haar 25-jarige dochter Kathy werkt en heeft een relatie. Ze maakt zich zorgen over de toekomst van haar moeder. Het is echter Suzannes zoon die het probleem vormt. Hij reageerde bijzonder hevig en drong erop aan dat ze koos voor het veilige bestaan van de vaste job. Als eeuwig student van 28 kwam hij tussen zijn relaties terug naar huis, ook als zijn bank geen krediet meer wilde verlenen. Hoe zou hij het redden? Ik heb tal van vrouwen gekend die na jaren alleenzijn een nieuwe uitdaging of een nieuwe relatie aangaan en dat het vaak de volwassen kinderen zijn die plots bezwaren maken en hen tot voorzichtigheid aanmanen.

Zelfs moderne kinderen willen voorspelbaar gedrag van hun ouders en vaak is er, zoals bij de zoon, een verborgen agenda. Suzanne merkte op dat haar zoon een sterke drang tot zelfbehoud heeft en niet vlug zal verhongeren, ook al ging ze weg. Had Kathy gelijk – is Suzanne te oud voor een dergelijk avontuur?

Rune 7: Feoh in Rad, de cirkel van actie en interactie

Rune 8: Os in Peorth, de cirkel van het wezenlijke zelf

Rune 9: Peorth in Peorth

Feoh, in Rad, is de rune van de prijs die we moeten betalen voor elke daad. Ook al is Suzanne een succesvol schrijfster, de prijs die ze moet betalen voor het niet aannemen van de job als lector, is financiële onzekerheid. Haar financiële toekomst is het centrale probleem, wat ze ook beslist.

Haar boekhouder heeft haar aangeraden om haar ziekteverzekering en pensioen te regelen, maar daar is ze nooit aan toegekomen. Nu ze hoge royalty's binnenhaalt, is dit haar kans. Een ander voorstel van haar boekhouder is om haar huis niet meteen te verkopen, maar voor een jaar te verhuren. Op die manier kan ze nagaan of die droom wel echt de moeite is en strookt met de realiteit. Kathy vindt dat een wijs idee.

Os, communicatie in de cirkel van het wezenlijke zelf, verwijst naar beide keuzes. Spelbreker is Peorth, de echte Suzanne in het gebied van het wezenlijke zelf. Dit is een indicatie dat wat ze doet, namelijk schrijven, datgene is wat ze werkelijk wil doen. Suzanne vertelt dat ze van jongs af aan wilde schrijven. Ze had enkele jaren geschiedenis gegeven. Hoewel ze haar job goed deed, had ze toch het gevoel dat ze de wens van haar moeder vervulde, niet de hare. Haar moeder had haar overtuigd om les te geven en zo een zeker inkomen te hebben. Ze zei ook geen zin te hebben in het voorbereiden van lesmateriaal voor scholen en dat ze door de job aan de universiteit minder tijd zou hebben om te schrijven.

Het is mogelijk dat we de runen interpreteren afhankelijk van wat we willen. Ook al is dat waar, dan nog is dat niet slecht omdat we onszelf leiden en niet door anderen geleid worden. Verder is het duidelijk dat Suzanne runen selecteerde die het over verandering en het essentiële zelf hebben. Niet over zekerheid, leren of een nest maken.

Ik heb geen contact meer gehad met Suzanne sinds ze naar Spanje verhuisd is. Ze heeft haar huis verhuurd en een verzekering afgesloten voor ziekte en pensioen.

DAG 25
Ac – de eik

*Onafhankelijkheid, macht, autoriteit,
traditionele wijsheid en leren*

Deze runen maken deel uit van de aett van Odin de oppergod. De reeks is onvolledig en werd op latere datum toegevoegd. Een andere mogelijkheid is dat er een aantal runen verloren ging.

Terwijl de berk de boom is van de godin van de aarde, is de eik de boom van de heer van de hemel. Hij is gewijd aan Odin en Thor. De Keltische druïden, waarvan de naam letterlijk 'wijsheid van de eik' betekent, geloofden dat wie de wijsheid van de eik verwerft, macht krijgt over de natuur en over zichzelf. Het Angelsaksische runengedicht, het enige dat de eik vermeldt, prijst het nut van de boom op het land en op zee. Op het land verwijst het gedicht naar de eikel, het zaad van de wijsheid. Het betekent dat er veel tijd en energie nodig is om echte wijsheid te verwerven.

Ac lezen

Dit runenteken staat voor de ziel of de kracht van de vrouw. Het komt overeen met de Keizer in het tarot. Het betekent dat assertiviteit en het respecteren van gebruiken de weg naar succes zijn. Dat betekent dat u tot het uiterste moet gaan om uw bekwaamheid op gelijk welk gebied van uw leven te vergroten. Als u bijvoorbeeld financiële problemen hebt, bestudeert u alle mogelijkheden, net alsof u een academische studie zou maken. Zorg ervoor dat u expertise verwerft in financieel recht zodat u de beste deals kunt afsluiten.

Als u ziek bent of juridische problemen hebt, zoek dan uit wat uw rechten en mogelijke alternatieven zijn. Zo zult u niet overdonderd worden door anderen die niet altijd het beste advies geven.

Ac, de boom van de onafhankelijkheid, wordt geworpen als u een nieuwe carrièrestap overweegt of uw identiteit wilt versterken in een relatie of een situatie waarin u iets te toegeeflijk bent geweest. Peorth, de rune van het wezenlijke zelf, kan hier ook opduiken. Zorg ervoor dat u alle logische en feitelijke argumenten op een rij hebt, want dit is de rune van het hoofd, niet van het hart.

Het kan zijn dat u gevraagd wordt om de leiding te nemen over een zaak die u na aan het hart ligt. Heb vertrouwen in uw eigen capaciteiten en wees niet bang om voor uw mening uit te komen. Wees u ervan bewust dat assertiviteit en agressiviteit niet hetzelfde zijn – in het bedwingen van de storm verwierven de druïden meesterschap. Als u op elke uitdaging kalm en met gezag kunt reageren, houdt u de situatie onder controle en bereikt u uw doel.

Verborgen Ac

U hebt in uw leven de laatste tijd te veel te maken met autoritaire figuren en experts. Dat kan een bemoeizieke lerares zijn die beweert dat ze uw kind beter kent dan uzelf. Uw dokter of partner dringt erop aan dat u een bepaalde therapie volgt. Een bureaucraat staat erop dat elke letter van een verordening wordt nageleefd. Een heerszuchtige buur vindt dat uw wilde bloemen de status van de buurt aantasten. Als u zich bedreigd of ondermijnd voelt, zoek dan een eik uit en laat zijn macht en vertrouwen door u stromen. Verzamel vervolgens alle gegevens en zet de strijd voort. Geloof in uzelf en gebruik uw logisch denken om het koeioneren tegen te gaan. Deze rune is sterk verbonden met de verborgen Aesc. Ze komen vaak samen voor in een lezing.

DAG 26
Aesc – de es

Spiritueel potentieel, kracht, vastberadenheid en verzet tegen oppositie, uithoudingsvermogen, gezondheid en genezing

De es is een andere vaderboom, de boom die de as van de wereld is, Yggdrasil. Die is gewijd aan Odin in zijn rol van wijze vader en verdediger. Het is de boom van de reiziger, die de gebieden van de wijsheid van de vadergoden verkent, zijn spiritueel potentieel uitbreidt of vergelegen gebieden exploreert. De es maakt van Aesc een machtige rune voor elke situatie die uw weerstand doet afbrokkelen.

Aesc lezen

De kracht van Aesc kan opduiken als een vrouw zich een weg baant naar succes, hoewel ze veel tegenwind krijgt. Gelijkheidswetten hebben de rechten van vrouwen op het werk uitgebreid, maar in de hele wereld zijn er voor vrouwen nog tal van hindernissen te nemen.

Helena is een succesvolle zakenvrouw in Zweden, een land dat bekendstaat om gelijkheid tussen man en vrouw. Toen ze naar haar bankmanager ging om extra krediet te vragen, vroeg hij wat haar man daarvan vond. Ze kreeg een beperkt krediet omdat de bankbediende dacht dat ze zwanger zou kunnen worden. Ze ondervond dat ze alleen met een mannelijke boekhouder serieus werd genomen. Toch groeit haar bedrijf verder uit. Vrouwen leven niet in compartimenten. Een vrouwelijke workaholic is actief op alle vlakken van haar leven.

Aesc komt voor in die aspecten van uw leven waarvoor u alles over heeft. Het is de innerlijke gave om moeilijkheden te overwinnen.

Deze rune staat ook voor het bereiken van spirituele kracht en meesterschap, vooral in de genezende kunst, astrale bescherming en het werken met aura's. Want de es is traditioneel de boom van de genezing. Deze spirituele groei kan bijzonder krachtig zijn omdat u moet vechten voor de tijd en energie om te mediteren of te leren waarzeggen. U moet uzelf ruimte geven zodat uw innerlijke wereld verrijkt kan worden door uw dromen en visioenen overdag. Wie tijd en geld heeft om zijn leven aan spirituele vervulling te wijden, mist vaak de helderheid en concentratie van vrouwen.

Verborgen Aesc

Kracht en volharding mogen dan mooie woorden zijn, maar als u moet zorgen voor een ziek familielid of kleine kinderen en weinig steun hebt, geen job vindt, hoe hard u ook uw best doet of zelf aan een ernstige ziekte lijdt, vraagt u zich wellicht af of het ooit beter wordt en of u de kracht hebt om door te gaan. Wat ook de uitdagingen zijn in uw leven, het is belangrijk om over uw gezondheid te waken, te rusten als het kan, goed te eten en stress te vermijden.

Deze rune staat voor geduld en kan verborgen zijn als u nog jong bent en voor onmogelijk lijkende opdrachten staat, zoals het voltooien van een opleiding of een nieuw thuis vinden. De rune es belooft u dat als u naar werk of een opleiding zoekt, of als u rijper bent en vastzit in een bepaalde situatie, dat niet zal blijven duren. U mag de hoop niet opgeven. Misschien kunt u kleine verbeteringen doorvoeren of plannen maken zodat u op het moment dat de verandering er komt, er klaar voor bent. Als u ziek, gehandicapt of depressief bent, baan u dan een weg door de medische en therapeutische jungle om hulp en een tweede mening te vragen. Dat is niet makkelijk als u zich kwetsbaar voelt. Probeer steun te zoeken bij een sympathiek, praktisch ingesteld en vooral luisterend iemand.

DAG 27
Yr – de boog

*Innerlijke bronnen, transformatie,
heropbouw en focussen op een doel*

In het Angelsaksisch gedicht is de boog de vreugde van de prinsen en adel. Hij staat symbool voor snel op het doel afgaan. Hij wordt gemaakt van de taxusboom, de boom van het einde en van de onsterfelijkheid. Bij de vikingen heeft Yr dezelfde rune als die van de taxusboom. In het Angelsaksische syteem is Yr de boom die omgevormd is tot wapen, niet alleen om te vechten, maar ook om te jagen. Het is een evolutie van vernietiging en einde naar transformatie, leven en doel. De rune van de boog en van de taxusboom komen vaak samen voor, meestal na een tegenslag.

Yr lezen

Yr zegt dat wat er ook gebeurt in uw leven, waarde heeft zolang u het dode hout verwijderd en de nieuwe scheuten kunt zien. Het is ook de rune van het focussen op uw doel, een doel hebben in uw leven en tijdelijk geconcentreerd zijn op een ding. Vrouwen die duizend en één dingen doen, vinden dit soms moeilijk. Toch moet u op korte termijn aan één aspect van uw leven voorrang geven. Eenmaal uw doel bereikt, kunt u opnieuw de andere aspecten van uw leven aandacht geven en integreren tot een geheel.

Deze rune duikt op als er een plotse en dringende behoefte of verlangen is, bijvoorbeeld een bepaalde relatie die een cruciale fase bereikt, een examen, test of sollicitatie die voor de deur staat, een bepaald werk dat klaar moet zijn of een familielid of vriend die aandacht vraagt. Of u hebt een belangrijke beslissing te nemen en hebt tijd en ruimte nodig om de verschillende opties te bestuderen. Ook al vindt u dat u geen tijd hebt, reorganiseer uw leven en delegeer. Verminder uw tijd en energie die u in andere, minder belangrijke zaken steekt en u zult zich helemaal kunnen concentreren op dit ene probleem.

Verborgen Yr

Als Yr verborgen is in een lezing, hangt u misschien vast aan een overbodige fase in uw leven die u meer beperkt dan u denkt. U hebt te kampen met minder zelfvertrouwen, problemen op het werk, verraad of een einde van een relatie, gezondheids- of financiële problemen; of misschien draagt u de gevolgen van de tegenslag van iemand die u liefhebt.

U hebt het gevoel dat u niet helemaal opnieuw kunt beginnen. Maar u start niet van niets. Hoe oud u ook bent, door uw ervaringen, zelfs negatieve, hebt u veel geleerd en uw medeleven vergroot. U bent minder snel van slag door kritiek of wispelturigheid van anderen. Uw leven zal anders zijn, en u zelf ook. Met voldoende moed kunt u een nieuwe wereld creëren, gebruikmakend van het nuttige uit het verleden. Meer daarover bij Ear, de rune van het stof.

DAG 28
Iar – de bever

Aanpassingsvermogen, veelzijdigheid, maximale inspanningen, de gave om alle aspecten van uzelf en het leven te integreren

Iar weerspiegelt de vikingziel: aangepast aan elke situatie, bereid om alles te geven, hoe vreemd ook. In het Angelsaksische runengedicht is de bever een gelukkig dier, dat zijn voedsel zoekt op het land en rondzwerft op het water. Na de kracht van de Vaderbomen en het doel van de boog volgt de veelzijdigheid. Het is een gave van de vikingen die zich overal thuis voelden. Deze rune komt tussenbeide als u het met overgave niet redt in moeilijke situaties.

Iar lezen

Er het beste van maken is een van de sterkste vrouwelijke kwaliteiten. In het gewone leven zullen de meeste vrouwen als een vakantie fout loopt door regen, slechte behuizing of vervoer, onmiddellijk op zoek gaan naar alternatieven. Intussen zijn haar metgezellen aan het klagen, beschuldigen of worden ze depressief. Ze kan een door regen verknoeide picknick veranderen in een gezellig feest en de mannen het gevoel geven dat het hun idee was.

Op een ander niveau zullen sommige vrouwen werk aanvaarden dat hen minder ligt omdat de uren goed liggen voor hun huishoudelijke bezigheden. Ze maken van een hobby een minibedrijfje als ze financiële problemen hebben, volgen les aan een minder prestigieuze school en slagen er ruim zo goed, werken aan een belabberde relatie om er nieuw leven in te brengen. Uit cijfers blijkt dat vrouwen veel minder dan mannen zich onttrekken aan bepaalde engagementen omwille van beloften, instant geluk of bevrediging.

U moet compromissen sluiten of u bent verplicht uw dromen aan te passen omdat anderen u beperken. Omdat Iar ook de rune is van hard werken, zult u wellicht veel meer geven dan u terugkrijgt. De keuze kan liggen tussen alles geven wat u kunt, ook al bereikt u maar de helft van uw droom, of helemaal niets doen. Een extra inspanning zal zeker vruchten afwerpen in de toekomst. Kijk uit voor Ger, de oogst, in uw lezing en houd uw ultieme doel open.

Verborgen Iar

Het kan beangstigend zijn om iets anders te proberen: een nieuwe techniek, een fysieke activiteit die u haat, maar die u nu nodig hebt. Neem bijvoorbeeld zwemmen, iets waar ik een heilige angst voor had, die ik overwon toen ik kinderen had. Ik ben er nog steeds niet sterk in, maar al mijn kinderen zijn goede zwemmers.

Misschien moet u wel uw meningen en houding die u van kindsbeen af aanhield aanpassen aan een nieuwe situatie of relatie. Hoe vaak zeggen we niet 'dat we dit of dat nooit zullen doen, ook al hangt ons leven ervan af'. Toch kunt u verplicht worden om te werken voor een organisatie die u niet ligt. Of neemt u een baan aan uit noodzaak en niet omdat u ervan droomde. U ontdekt dat de levensstijl van uw kinderen en vrienden u niet bevalt. U wordt verliefd op een man die slangen houdt in zijn bad of drie keer in de week voetbal speelt. Het is moeilijk om iemand te veranderen zonder zijn wezenlijke zelf aan te tasten. U zult dus moeten beslissen in welke mate u compromissen wilt sluiten zonder uw innerlijke kern op te geven. U moet beslissen of u zich aanpast of weggaat.

Dit is een rune die tijd vraagt om te interpreteren, aangezien u cruciale keuzes moet maken.

DAG 29
Ear – stof

Toegeven dat bepaalde zaken na een tijd niet meer nuttig zijn, integratie, opnieuw optimistisch zijn, getemperd door kennis

Dit is de meest droevige rune. In het Angelsaksische runengedicht gaat het over het vallen van de bladeren, vreugde die voorbijgaat en overeenkomsten die worden beëindigd. Het gedicht is duidelijk beïnvloed door het christendom. Aangezien de mens gemaakt wordt door het stof van de aarde, draagt Ear ook nieuw leven in zich. Wat ontbreekt is de sprankel creativiteit die er niet meer is of de schepping verlaten heeft. De mens is gemaakt van het stof van de aarde en keert terug tot stof. Zoals de levenscyclus in de natuur, zoals de lente na de winter komt en de dag na de nacht.

De gemarkeerde en blanco zijde van Ear verschillen slechts in lichte mate. Vandaar dat ze, anders dan bij de overige runen, allebei het steriele als het vruchtbare zaad dragen.

Ear en verborgen Ear in een lezing

Ear weerspiegelt een toestand van nu of uit het verleden die nog niet verwerkt is. Het is geen voorspelling van de dood, of van relaties of carrières die tot een einde komen. We moeten beseffen dat we door bepaalde wegen af te sluiten groeien op professioneel, persoonlijk en bovenal spiritueel vlak. Deze rune staat nauw in verband met de blanco rune, de Rune van de Lotsbestemming, de toekomst die voor u ligt. Op blz. 128 heb ik een ritueel beschreven dat de overgang symboliseert van stof naar lotsbestemming.

Het is pijnlijk om toe te geven dat een bepaalde vriendschap of relatie op zijn einde loopt of niet evolueert zoals u gehoopt had. De job die naar een duizelingwekkende carrière moest leiden heeft u op een dood spoor gebracht zonder uitzicht op verandering. Een cursus of studie is niet zo waardevol als hij eruitzag of een spirituele lesgever brengt u niet in de richting die u uit wilde. Mogelijk volgt u een liefdeloos pad of wilt u iemand anders plezieren en beseft u dat het niet is wat u wilt. Als u ook de machtige eik, de vasthoudende es of veelzijdige bever in uw runen werpt, is het tijd voor een andere weg of benadering.

Het lot dwingt u niet om uw dromen achter te laten, maar misschien kiest u ervoor om een bepaalde situatie of ervaring tot stof te herleiden. U laat Moeder Aarde de ervaring omvormen tot een deel van uw innerlijke groei en een stap verder op het pad van de wijsheid. Het moet uw keuze zijn: niemand, runenmeesteres of therapeut met tientallen diploma's aan de muur, heeft het recht om voor u die keuze te maken. De runen zijn, net als elk ander waarzeggend middel, uw dienaren, niet uw rechter.

DAG 30
De blanco rune

Dit is de dertigste rune in de Angelsaksische runenreeks.

De blanco rune maakt geen deel uit van de allereerste runenreeksen. Haar oorsprong is onzeker. Toch kan het de belangrijkste rune zijn, vooral als er een beslissing genomen moet worden.

Ze stelt de steen van Odin voor of de steen van het lot. Ze is dus blanco, aangezien u uw bestemming nog niet bereikt hebt. Wie deze rune invult, is uw keuze, ook al kan dat niet zo aanvoelen. De blanco rune stelt dat u niet kunt steunen op traditionele antwoorden of het advies van anderen. De juiste weg kan een sprong in het onbekende betekenen. Net als de Nar in het tarot is dit de rune van de intuïtie. Die kan bijzonder opwindend zijn.

Vrouwen laten vaak met de beste wil van de wereld anderen hun blanco rune invullen. Jaren later beseffen ze, ook al zijn ze niet ongelukkig, dat ze aan het kijken zijn naar zichzelf die meespeelt in een film of toneelstuk. Plots wordt het duidelijk welke woorden ze willen spreken en welk pad ze willen volgen.

De rune van het stof veranderen in de rune van het lot

- Steek een smalle, donkergroene kaars van bijenwas aan achter het runenteken Ear en een brede crèmekleurige kaars achter uw blanco rune.

- Plaats beide kaarsen op een schaal om de was op te vangen.

- Als de donkergroene kaars is opgebrand, graveert u in de was met een pen of mes een symbool of letter die staat voor wat overbodig is in uw leven.

✢ Graveer over het symbool het runenteken Ear en boven beide nog eens een zonnewiel, het symbool van Moeder Aarde en wedergeboorte.

✢ Snijd het vierkant waar de symbolen op staan uit de was en begraaf het. Plant er lavendel over voor de vereniging van wat niet verenigd kan worden. Als u pure bijenwas gebruikt vervuilt u de aarde niet.

✢ Laat uw crèmekleurige kaars branden tot u voldoende was hebt om een cirkel te vormen. Snijd de cirkel uit, groot genoeg om er een rune in aan te brengen. Markeer de was niet, want uw bestemming is nog niet bekend.

✢ Duw kleine kwartskristallen of heldere glasstukjes in de cirkel van was. Laat het van volle tot nieuwe maan in de zon- en het maanlicht liggen. Bewaar de cirkel nadien in een zijden doek in een lade, met rozenblaadjes voor geluk en liefde.

✢ Blaas de kaars uit en doe een wens, en zend daarmee licht naar iedereen van wie u houdt, inclusief uzelf.

✢ U kunt de resten van de kaars gebruiken in het huishouden, aangezien ze beladen is met positieve energie.

Het gebruik van uw voorspellende runen

Oude runenmagie omvat heel complexe rituelen en ze werd zowel gebruikt voor negatieve, destructieve doeleinden als voor positieve bekrachtiging.

In de moderne magie (wicca) wordt algemeen aanvaard dat beheksen, of iemand een ziekte toewensen, zelfs diegene die ons wil kwetsen, driemaal zo sterk terugkeert naar de zender. Vandaar dat beschermende magie de plaats heeft ingenomen van meer negatieve verdedigingsvormen. Runenmagie is ook eenvoudiger geworden, zoals vroeger. Toen werden de runen geworpen bij de haard thuis, niet in formele ceremoniën.

Elke rune stemt overeen met een bepaalde behoefte en brengt die duidelijk in beeld. Ze kan gebruikt worden voor rituelen voor liefde, gezondheid, geluk, welvaart, macht en succes. Moderne runenmagie roept de goddelijke of spirituele macht op.

Runenmagie toepassen

Ik heb elke rune een eenvoudige betekenis gegeven, gebaseerd op de traditionele magische principes van de noordse traditie. Op de volgende bladzijden kunt u nog eens alle betekenissen van de runen doorlopen. De meeste runen staan dicht bij de natuur. U hebt een voorraad kaarsen nodig, kristallen, wierook en etherische oliën. U kunt uw magische instrumenten het best bewaren in een aparte doos. Niet omdat ze een occulte betekenis hebben, maar om te tonen dat ze geen deel uitmaken van de alledaagse wereld. Een bepaald deel van uw leven apart houden is een eerste stap naar de herovering van uw spiritualiteit.

Feoh-magie
Feoh staat voor geldzaken en wordt gebruikt om klaarheid te krijgen in financiële problemen.

Ur-magie
Ur-rituelen bieden pure, instinctieve kracht om hindernissen te overwinnen.

Thorn-magie
Thorn-runen worden vaak in gebouwen gekerfd om bescherming te verkrijgen. Deze rune biedt zowel als amulet als in rituelen bescherming.

Os-magie
Uw Os-rune kan gebruikt worden als er behoefte is aan duidelijke communicatie of inspiratie voor uw creatief project.

Rad-magie
Gebruik Rad-formules om verandering te bereiken of om alle soorten reizen te ondernemen.

Cen-magie
Gebruik de Cen-rune om in contact te komen met uw innerlijke wijsheid. Ook om de waarheid te ontdekken als mensen niet eerlijk zijn of geheimen hebben die uw geluk in de weg staan.

Gyfu-magie
Gyfu-magie staat voor liefde, relaties en seksualiteit.

Wyn-magie
U kunt uw Wyn-rune gebruiken om uw persoonlijke geluk te verhogen.

Haegl-magie
Gebruik uw Haegl-rune om te veranderen onder moeilijke omstandigheden of als u tegenstand verwacht tegen een nieuw project.

Nyd-magie
Gebruik deze rune op momenten tijdens dewelke u zich verwaarloosd of onbemind voelt.

Is-magie
Gebruik de magie van Is voor toekomstige daden en om spijt te doen vervagen.

Ger-magie
Gebruik uw Ger-rune om los te komen van een bepaald pad dat u volgt of van problemen die u beletten om vooruit te gaan in het leven.

Eoh-magie
Eoh-magie kan helpen om een deur voorgoed achter u te sluiten, het einde van een stadium aan te geven en ruimte te maken voor een nieuw begin.

Peorth-magie
Maak gebruik van uw Peorth-rune als uw basisovertuigingen of identiteit aangevallen of verzwakt worden.

Eohl-magie
Gebruik Eohl-magie om contact te krijgen met uw spirituele zelf en uw innerlijke wereld.

Sigil-magie
Gebruik de Sigil-rune om uw onbekende verborgen talenten en potentieel te ontdekken.

Tir-magie
Tir helpt u om te focussen op langere termijn in plaats van op directe bevrediging.

Beorc-magie
Beorc is goed voor wedergeboorte en vruchtbaarheid.

Eh-magie
Gebruik Eh-magie als u bezorgd bent omdat u denkt dat mensen u onterecht bekritiseren, vooral wanneer het gaat om diegenen die dicht bij u staan.

Man-magie
Gebruik de rune Man om uw kracht te maximaliseren en de wereld uw capaciteiten te laten zien.

Lagu-magie
Gebruik de Lagu-rune als u last hebt van hartproblemen en om uw emoties te controleren.

Ing-magie
De Ing-rune is nuttig om uw innerlijke sterkte te herstellen wanneer de wereld te zwaar om te dragen is.

Odal-magie
Odal-magie is er voor alle zaken die betrekking hebben op uw huis en de praktische organisatie van uw leven.

Daeg-magie
Gebruik Daeg om vreugde in uw leven te brengen.

Ac-magie
Ac, de rune van de eik, gewijd aan Odin en Thor, is nuttig als u behoefte hebt om afstand te nemen van de massa en uw onafhankelijkheid wilt benadrukken.

Aesc-magie
Aesc, de wereldboom, helpt u om vol te houden en wordt gebruikt voor genezende formules.

Yr-magie
Gebruik uw Yr, rune van de boog gemaakt uit taxushout, om opnieuw te beginnen na een verlies of teleurstelling.

Iar-magie
Gebruik Iar om uw weg te vinden in moeilijkheden en om uw plannen aan te passen in plaats van op te geven.

Ear-magie
Ear, de rune van het stof, helpt u uw doel opnieuw af te stellen en vertrouwen in het leven te herstellen als iemand of een situatie uw geloof in uzelf heeft aangetast.

Runenbezweringen met de aett van Freya

Een Feoh-kaarsenbezwering voor toenemende welvaart

De periode van de nieuwe maan, wanneer de eerste maansikkel te zien is, en zonsopgang zijn goede tijden om de stroom van geld en welvaart te bevorderen.

Aangezien geld geassocieerd wordt met het oude element aarde, neemt u de Feoh-rune mee naar een beschutte plek in de tuin, park of open ruimte. Neem een goudgekleurd muntstuk of een creditcard en leg die onder uw Feoh-rune op een grote platte steen of een stuk hout. Goud is de kleur van welvaart.

- Maak een cirkel van kleine gouden kaarsen rond de steen en stel u voor dat er gouden munten op uw Feoh-rune vallen.

- Leg met platte stenen een pad aan rond uw rune en de kaarsen. Loop op die stenen en zeg bij elke stap 'Feoh'. Intussen stelt u zich de verschillende stappen voor die u zult ondernemen om het geld te verkrijgen dat u nodig hebt.

- Als u de beelden niet forceert, zal er spontaan een creatieve oplossing voor uw probleem opduiken terwijl u het Feoh-pad afloopt, of de oplossing zal misschien over een paar dagen in een droom duidelijk worden.

❖ Neem de laatste steen waarop u hebt gelopen en kras er vervolgens met een mes of een andere steen het runensymbool voor welvaart op.

❖ Blaas de kaarsen uit, stel u voor dat de geldenergieën in de kosmos vliegen. Begraaf vervolgens de Feoh-steen in de buurt van de kaarsencirkel. Plant er een goudkleurige bloem op als teken van uw toenemende rijkdom.

❖ Terwijl de plant groeit wordt u herinnerd aan uw vordering in het bereiken van uw doel.

❖ U kunt ook boterbloemen, het symbool van de rijken, of een andere gele bloem in een kleine vaas op de plek zetten. Vervang ze geregeld tot u uw doel bereikt hebt.

❖ Ga ten slotte de wereld in en zet uw eerste stap, hoe klein ook, om uw geluk te bereiken of uw financiële problemen op te lossen.

Een Ur-weerbezwering om moeilijkheden te overwinnen

Wacht op een stormachtige of regenachtige dag om de onbeteugelde machten van de natuur te gebruiken. Open uw ramen of trek eropuit en trotseer de elementen.

❖ Schrijf de Ur-rune in rode inkt of met een afwasbare stift op een steen en wind er een rode draad of koord omheen.

❖ Maak een knoop voor elke moeilijkheid waarmee u kampt of elk probleem dat u verhindert om te bereiken wat u wilt.

✧ Concentreer u op elke knoop. Terwijl u de knoop maakt, stelt u zichzelf voor, vechtend tegen de beperking en vordering makend naar uw doel toe. Herhaal bij elke knoop:

Omsnoer de ketenen die me gevangen houden,
Maak me vrij met de macht van de lucht.

✧ Houd de rune hoog zodat ze wordt blootgesteld aan de regen en zeg haar naam – 'Ur' – brullend als een stier.

✧ Laat de regen het teken vervagen en besef dat als de steen dit verdraagt, ook al wordt het teken weggewassen, uw innerlijke kracht om te overleven niet vernietigd kan worden door de omstandigheden.

✧ Snijd de knopen door met een scherp mes of schaar en voel uw energie stromen bij het loskomen van de knopen. Voel hoe de energie de banden die u vasthouden verbreekt.

✧ Loop door de regen en weet dat u niet langer de gevangene bent van de eisen van een ander of van uw eigen twijfels.

Een Thorn-ritueel om negatieve invloeden te ontwijken en te verjagen

Bij schemer neemt u uw Thorn-rune in uw linkerhand, de hand die verjaagt. Gebruik de intuïtieve krachten van het rechterdeel van uw brein.

✧ Plaats een grote rode kaars achter u zodat uw omtrek weerspiegeld wordt in het licht.

✢ Ga met de rune voor een spiegel staan. Teken in de lucht een gesloten kring rond uw figuur in een ononderbroken beweging op zo'n 5 cm van uw lichaam.

✢ Stel u voor dat de kring beschermd wordt door vurige Thorn-runen, waarbij de diagonalen zich verspreiden om fysieke, psychologische en psychische bedreigingen aan te vallen.

✢ Kijk vervolgens hoe de runen vervagen en terwijl ze verdwijnen kiest u een persoonlijk teken dat u telkens kunt gebruiken als u de runen wilt oproepen. U kunt bijvoorbeeld zeggen:

Wanneer ik het Thorn-symbool op mijn handpalm zie of mijn Thorn-amulet aanraak, zal de bescherming van Thorn me omgeven en alle kwaad verjagen.

✢ Als u zich 's nachts kwetsbaar voelt, graveer dan de Thorn-rune op een rode kaars met een els of uw nagel, 2,5 cm van de top beginnend.

✢ Steek de rode kaars aan recht tegenover uw bed en roep de beschermende cirkel van vurige runentekens op.

✢ Als de rune op de kaars opgebrand is, blaas dan de kaars uit en stuur het beschermende licht naar iedereen die het nodig heeft.

Een Os-waterbezwering om een gebroken relatie of vriendschap te herstellen

Dit is ook een voorspelling die gebruikmaakt van de nieuwe energieën van het eerste daglicht. Voer ze dus uit bij zonsopgang.

✧ Maak van een steen een Os-rune en neem die mee naar zee, een meer, rivier of vijver. De aanwezigheid van water is in deze bezwering van groot belang omdat water verbonden is met emoties en liefde.

✧ Plaats de rune op een vlakke steen aan de kant van het water. Leg daaronder een foto of voorwerp van de persoon met wie u opnieuw beter contact wilt.

✧ Leg rond de steen kleine blauwe bloemen zoals vergeet-me-nietjes (blauw staat voor trouw) of roze bloemen die vriendschap en liefde symboliseren.

✧ Schrijf of kras het Os-teken op een stuk hout. Leg dit in het water als symbolische brug of boot die de kloof tussen u en de andere betrokkene(n) moet overbruggen.

✧ Neem daarna een voor een de bloemen en gooi ze in het water. Bij elke bloem die u gooit, spreekt u woorden uit van liefde, spijt en genezing.

✧ Neem de Os-rune die u gemaakt hebt en zing zachtjes 'Os'. Loop negen keer 'met de klok mee' rond de foto of het voorwerp en gooi vervolgens de rune in het water, net zoals u dat met de bloemen gedaan hebt.

✧ Wikkel tot slot de foto of het voorwerp samen met een rode roos in een witte zijden doek. Leg de doek in een lade en wacht geduldig tot de liefde terugkeert.

Na het ritueel doet u een positieve poging om de communicatie met uw vriend of geliefde te herstellen: stuur een brief, een postkaart van een plek die u beide graag mag, of een klein boeket bloemen die u ook in het ritueel hebt gebruikt. Bel hem of haar op of breng een bezoekje. Als uw inspanningen niets opleveren, hebt u in elk geval geprobeerd en kunt u verder met uw leven.

Een Rad-bezwering op het middaguur voor een reis of vakantie

Hoe meer details u in deze bezwering kunt steken, hoe geconcentreerder die zal worden en hoe preciezer de uitwerking ervan zal zijn. Verzamel zoveel mogelijk objecten die op een of andere manier verband houden met uw reis: een speelgoedvliegtuigje, een vlag van het land dat u wilt bezoeken, een postkaart of foto van het hotel, een beschrijving van het hotel die u gevonden hebt in een reisbrochure...

✧ Verzamel al deze zaken in een gele buidel, een zak die u kunt sluiten met een koord of een zak in uw kleding en steek er uw Rad-rune bij.

✧ Wacht tot de zon hoog aan de hemel staat en teken een wiel met acht spaken op een wit papier. In het midden van de cirkel tekent u het Rad-symbool met een rode stift.

✧ Geef daarna de vier windrichtingen aan op de cirkel. Het noorden komt overeen met 12 uur. Als u wilt kunt u ook met een kompas werken.

✧ In het noorden van de cirkel plaatst u een bord van aardewerk waarop u eerst wat zeezout gestrooid hebt. Dat stelt het element aarde voor. Steek een wierookstokje sandelhout aan in het oosten om het element lucht te symboliseren. Een oranje kaars in een brede kaarshouder geeft het zuiden en het element vuur aan. Ten slotte markeren we het westen met een glas of een kristallen schaal die gevuld is met water en gedurende 24 uur in het zonen maanlicht heeft gestaan. Dat is dan het symbool het element water.

- Start in het noorden, strooi enkele zoutkorreltjes over uw gele zak, en zeg:

  Rad, Rad, ik roep uw krachten op door de macht van de aarde en Moeder Nerthus.

- Breng uw zakje traag van de noordoostelijke kwadrant naar het oosten, omcirkel de tas negen keer 'met de klok mee' met een wierookstokje, en zeg:

  Rad, Rad, ik roep uw krachten op door de macht van de lucht en het leidende licht van Tir, de geestelijke krijger.

- Breng uw tas van de zuidoostelijke kwadrant naar het zuiden, omcirkel hem negen keer met de oranje kaars en zeg:

  Rad, Rad, ik roep uw krachten op door de macht van het vuur en van Thor van de donder en zijn machtige hamer.

- Beweeg van het zuidwesten naar het westen, sprenkel enkele druppels water, en zeg het volgende:

  Rad, Rad, maak mijn reis snel door de macht van het water en door Ran, de godin van de golven.

- We eindigen met het bewegen van de tas van het noordwesten naar het noorden en brengen hem terug naar het centrum van het wiel.

- Sluit uw ogen en beeld u in dat u stap voor stap uw reis maakt. Blaas de wierook en kaars uit, gebruikmakend van de energie die u brengt waar u maar heen wilt.

- Laat uw gele tas bij een open raam of in de openlucht liggen tot de schemer valt en zet hem dan bij uw bed zodat u droomt van uw reis.

Een voorspellend Cen-ritueel om te kiezen tussen twee opties die onduidelijk zijn

✧ Ga in de late namiddag naar een dennenbos, bij voorkeur op een dag dat er wind is, zodat u de boodschappen van de wind kunt ontvangen.

✧ Snijd 12 twijgjes van gelijke grootte van een den, de boom van Cen, af. Neem daarvoor een gevallen tak of een stuk van een dode boom.

✧ Graveer in elke twijg aan een zijde het symbool van Cen, terwijl u voortdurend dezelfde mantra herhaalt:

*Cen, toorts van het helderste vuur,
toon me mijn diepste verlangen.*

✧ Bind de twijgjes losjes aan elkaar vast met een scharlakenrood koordje.

✧ Leg een wit blanco doek op een open plek, omringd door dennen, en leg de hoeken vast met grote dennenappels.

✧ Een van de keuzes komt overeen met de Cen-zijde van de staaf. Als het probleem een of twee antwoorden vergt, zoals ja/nee, ga/blijf, handel/wacht, geef dan de actieve en bevestigende respons aan Cen.

✧ Kijk naar het noorden en gooi uw bundel twijgen op het kleed zodat ze uiteenvallen.

✧ Als er een naast de doek valt, negeert u die.

✣ Als er meer zijden met het Cen-symbool zijn of meer met een blancozijde, is het antwoord duidelijk. (Als u op een gelijk aantal van beide zijden komt, stel de lezing dan een dag uit.)

✣ Noteer het antwoord en verwijder een staaf. Maak opnieuw een bundel en herhaal het gooien tot u nog een staaf over hebt. Na iedere worp noteert u het aantal Cen-symbolen.

✣ Na de laatste worp gaat u na of u meer Cen of blanco antwoorden hebt. Als elke Cen werd geworpen in de 11 worpen, dan moet u in totaal 77 Cen-symbolen geworpen hebben.

✣ Als u thuiskomt steekt u een kleine, naar dennen geurende kaars aan en legt u uw staven in een cirkel rond uw voorspellende Cen-rune.

✣ Zet de kaars achter de rune in de cirkel. Laat de kaars op een veilige plaats opbranden en formuleer in gedachten de stappen die u zult zetten om uw beslissing uit te voeren.

Een Gyfu-liefdesbezwering voor een perfecte liefde

✣ Hang aan de muur in de vier windrichtingen aan uw bed een Gyfu-kruis. Gebruik daarvoor rood touw. Indien mogelijk gebruikt u voor een tak essenhout, van de mannelijke zonneboom, voor de andere wilgenhout, de vrouwelijke maanboom. U kunt ook eik en lijsterbes, appel en peer, esdoorn en hazelaar, telkens paren van mannelijke en vrouwelijke bomen gebruiken, als u maar hout gebruikt. Het liefdesritueel werkt ook voor twee vrouwen, terwijl het gebruikmaakt van de animus/anima-tegenstelling en zo energieën integreert.

✣ Zet een tafel aan het eind van het bed binnen het bereik van de Gyfu-stokken. U legt er de rituele voorwerpen op die u nodig hebt.

✣ Ga op uw bed zitten en vraag aan uw partner om met lippenstift of rode lichaamsverf op uw voorhoofd, borst en maag het Gyfu-symbool aan te brengen. Intussen zingt u:

> *Gyfu in trouw, twee zielen verstrengeld in harmonie.*

✣ Neem een glas of metalen drinkbeker met rode wijn en geef die aan uw partner, zeggend:

> *Ik geef je vrijwillig mijn lichaam,*
> *ik geef je mijn geest,*
> *in gezondheid en ziekte,*
> *armoede en rijkdom,*
> *zolang de liefde duurt.*

✣ Als uw partner van de beker wijn gedronken heeft, heft u de beker op tot aan uw lippen en houdt u hem vast met beide handen.

✣ Vervolgens raakt uw partner met een stokje van essenhout of met een versierd mes elke Gyfu-rune op uw lichaam aan. Beginnend met het voorhoofd, vervolgens de linkerborst, de rechter, en ten slotte de maag. Steek dan het stokje in de beker om het heilig huwelijk tussen Odin en Frigga te symboliseren.

✣ Hij of zij moet dan de oppervlakte van de wijn beroeren met een Gyfu-kruis en zeggen:

> *Ik bied u bescherming, Ik bied u kracht, in ziekte en*
> *gezondheid, armoede en rijkdom, zolang de liefde duurt.*

✣ Laat de stok of het mes in de beker zitten, zet die op de tafel en bedrijf de liefde.

Een Wyn-bezwering om een geheime ambitie waar te maken

✢ Schrijf op een blad papier zeer bewust uw geheime ambitie of onvervulde droom. Mogelijk bent u verrast door wat u opschrijft. Het kan een verlangen zijn dat u al vergeten was of afgeschreven had omdat u dacht dat het niet realiseerbaar zou zijn. Het kan een bescheiden droom zijn, zoals een bepaalde sport beoefenen, leren rijden of een weekendcursus volgen waarvan u weet dat vrienden en familie die maar niks vinden. Het kan ook iets veel groters zijn: een boek uitgeven, verhuizen naar het platteland of een wereldreis maken, een diploma ingenieur of archeologie halen of een dierenkerkhof openen. Wat het ook is, wees u ervan bewust dat een succesvolle verandering van uw leven begint met een kleine stap.

✢ Omcirkel uw wens met een onafgebroken cirkel van vervlochten Wyn-symbolen (de vikingen gebruikten die om macht te verwerven).

✢ Vul een ballon met helium en versier hem met een teken dat symbool staat voor wat u wilt: bijvoorbeeld een boot als u wilt leren zeilen of overzee wilt reizen. Een foto van een kind als u leraar wenst te worden of misschien wel op latere leeftijd nog een kind wilt.

✢ Hang het papier met uw wens aan de ballon met een touw met negen knopen en zeg het volgende:

Wyn van vreugde,
Knoop een,
Laat uw macht

Komen in mij.
In knoop twee
Komt mijn wens uit.
Knoop drie, knoop vier
Laat overvloed stromen over mij.
Wyn van vreugde, vijf en zes,
Mijn lot is vrij, mijn weg niet vast.
Knoop zeven, knoop acht,
Wyn van vreugde, laat me niet wachten.
Wyn van vreugde,
Volledig in Negen,
Met deze knoop,
Omhels ik mijn Geluk.

✢ Neem uw ballon mee naar de top van een heuvel of naar een open ruimte en herhaal de tekst met toenemende sterkte. Laat de ballon in de wind spelen tot hij loskomt. U kunt ook een goedkope vlieger gebruiken waaraan u het papier vastmaakt. Als uw ballon recht omhooggaat, zal uw wens snel in vervulling raken. Waar hij ook heen vliegt, de macht van Wyn is vrijgekomen en zal u helpen datgene te bereiken wat u wenst.

Runenbezweringen met de aett van Haegl

Een Haegl-eibezwering om een plan of beslissing uit te werken

✢ Neem een wit ei en maak een gaatje aan elk uiteinde, het ene groter dan het andere. Schud het ei hard en houd uw vingers over de gaten. Blaas vervolgens de inhoud van het ei door het grootste gat. Laat de schaal intact.

✢ Breek de schaal voorzichtig in twee en leg in de ene helft een bolvormig parelmoer of een maansteen met Haegl in het blauw erop geverfd. Dat stelt het kosmisch zaad voor. Sluit dan de schaal.

✢ Omgeef uw schaal met zes kleine, roze, gele en bleekblauwe kaarsen, twee van elke kleur, om de lente en nieuwe groei te symboliseren. Terwijl u ze een voor een aansteekt, zegt u het volgende:

Haegl, vorm zaad, nieuw leven wordt geboren.

✢ Als de kaarsen opgebrand zijn, opent u het ei en neemt u het kristal.

✢ Strooi er zout over voor het voeden van de aarde, ga eroverheen met muskus- of dennenwierook voor de moed van de Lucht.

✢ Gooi ten slotte uw maansteen bij vloed en over de zevende golf in zee, of in gelijk welk lopend water en zeg:

> *Heilig het water, water naar de zee,*
> *het zaad van het leven groeit sterk in mij.*

✢ Dit is ook een nuttig ritueel als u zwanger wilt worden.

Een Nyd-vuurbezwering om warmte en vitaliteit in uw leven te brengen

✢ Neem uw Nyd-rune in de middag en leg ze in de zon zodat ze de warmte kan opnemen.

✢ Schrijf op een lang en dun geel papier op wat u nodig hebt om opnieuw gelukkig te zijn. Teken een cirkel van Nyd-runen rond uw woorden.

✢ Teken of graveer op twee stukken hout het symbool van de Nyd-rune.

✢ Steek een klein vuur aan in een vuurvaste container of kleine put en leg daarin in de vorm van een kruis de twee Nyd-stokken. Steek die eerst aan. Of u legt ze op een aangestoken barbecue, en u zegt:

> *Nyd, verwarm mijn hart,*
> *verwarm mijn ziel, verwarm mijn geest*
> *zodat ik brand van leven.*

✢ Werp uw papier in het vuur en herhaal uw verlangens.

✥ Ga een tijdje in de zon zitten en houd uw Nyd-rune in de hand waarmee u schrijft. Laat de gouden warmte van het vuur en de zon binnenstromen.

✥ Laat het vuur uitgaan en als u zeker bent dat het volledig gedoofd is, gaat u naar huis.

✥ Kijk in een spiegel met het zonlicht achter u of als het avond is, steekt u een scharlakenrode kaars aan. U zult uw aura zien met een gouden glans. Het reflecteert niet alleen het licht rondom u maar ook uw inwendig vuur.

Een Is-bezwering om het ijs rond uw hart te doen smelten na verraad in de liefde

✥ In de periode van de afnemende maan neemt u een natuurlijk blok ijs of een stuk ijs uit de koelkast of diepvries. Kerf het Is-symbool erin.

✥ Leg het ijs in een vuurvaste container om het water op te vangen als het smelt.

✥ Graveer op een groene kaars, de kleur van nieuwe groei in de natuur, met een priem of uw nagel de Sigil-rune, symbool van de zon of het vuur.

✥ Steek de kaars aan en zing zachtjes:

Smelt Is en laat het leven stromen,

Laat de kaars dicht genoeg bij het ijs komen zodat het smelt.

✧ Gooi tijdens het smelten van het ijs alle herinneringen, zoals brieven en voorwerpen die op een of andere manier verband houden met de verrader, weg.

✧ Neem het water mee naar de tuin of naar een bloemenbak en laat het over de planten en bloemen stromen. Liefst over witte bloemen, zoals sneeuwklokjes en madeliefjes.

✧ Ga eropuit en zet een stap voorwaarts in uw leven. Ontmoet nieuwe mensen of benader vrienden die u door uw verdriet lange tijd niet gezien hebt.

Een Ger-bezwering op een kruispunt om een herhaling van fouten te vermijden

Kruispunten of tweesprongen worden van oudsher beschouwd als machtige plaatsen omdat ze werden gebruikt om ziekte en verdriet te begraven.

✧ Neem uw Ger-rune mee naar een plaats waar u treinen, auto's en boten ziet passeren.

✧ Als u de rune in uw rechterhand houdt (om de linkerhelft van uw brein te stimuleren), kies dan een voertuig of boot uit. Stel uzelf voor dat u aan boord bent. De bestemming is niet van belang.

✧ Voel de wind in uw haren spelen zodra u in beweging bent en zie het water neervallen in glinsterende watervallen.

✧ Ga nu met uw Ger-rune op stap naar het platteland en zoek een kruispunt of tweesprong.

✢ In het westen, de richting van de ondergaande zon, symboliserend wat uit uw leven verdwijnt, tekent u een donkere Ger-rune op een zwarte steen zodat u die nauwelijks kunt zien.

✢ Als bij het kruispunt aarde is, begraaf dan uw Ger-steen, omwikkeld in een donkere stof in westelijke richting en zeg:

Ger, Ger, laat me dit pad nooit meer betreden.

✢ Verlaat het kruispunt langs een andere weg, om aan te tonen dat u deze weg voor het laatst bewandeld hebt. Probeer ook een andere weg te nemen om naar huis te rijden of gebruik een ander vervoermiddel.

✢ Als het kruispunt in de stad ligt, gooit u uw Ger-steen, opgeborgen in een milieuvriendelijke zak, in een vuilnisbak, aan de westelijke zijde van het kruispunt.

Een Eoh-bezwering om onverwerkt verdriet te laten rusten

Zoek een taxus, cipres of een boom die met het einde wordt geassocieerd uit. Een voorwerp gemaakt van taxus- of cipressenhout is ook goed. Spreek de bezwering uit bij het vallen van de avond of als de maan niet aan de hemel te zien is.

✢ Neem een schaal met zout.

✢ Strooi het zout 'met de klok mee' in een cirkel rond de boom en sprenkel er water, waar enkele rozenblaadjes in gelegen hebben, over. Laat ruimte over zodat u in de cirkel kunt wandelen.

✣ Steek mirrewierook aan voor het beëindigen en genezing. Voltooi de driedubbele cirkel van macht rond de taxus door er 'met de klok mee' rond te lopen met de rook van de wierookstokjes.

✣ Ga in de cirkel staan, met de rug naar de boom voor kracht en kijk naar het westen. Maak dan met een twijgje in de rest van het zout het Eoh-symbool en zeg:

> *Taxus van het einde, zout van het leven, einde van het verdriet, einde van de strijd.*

✣ Voeg met een houten of aardewerken lepel water toe aan het zout tot het oplost en zeg:

> *Eoh ga, Eoh vlieg, vlieg weg.*

✣ Verlaat daarna de cirkel en stel u voor dat hij 'tegen de klok in' verdwijnt.

✣ Laat het water op de grond vallen en reinig de schaal met enkele druppels dennen- of citroenolie, om alle resterende verdriet te verwijderen.

Een Peorth-bezwering om in contact te komen met uw wezenlijke zelf

Deze bezwering wordt het best uitgevoerd in de ochtend op een heldere dag.

✣ Zoek een groot spinnenweb. Het stelt het web van het noodlot voor, geweven door de drie schikgodinnen. Het beste is een web waar de druppels van de regen nog in hangen en die schitteren in het zonlicht.

✧ Voor het web legt u een pad aan met kleine stenen. Maak er een spiraal van met een centraal punt. Dit stelt de weg voor naar uw wezenlijke zelf.

✧ Terwijl u de Peorth-rune in uw linkerhand houdt, om de intuïtieve kracht van de rechterhelft van uw brein te stimuleren, volgt u het pad en zingt u zachtjes:

Peorth, Peorth, Peorth, leid me naar het centrum van de waarheid tot u de kern bereikt.

✧ Teken of graveer het Peorth-symbool op de binnenste cirkel van uw minilabyrint.

✧ Maak een meer permanente spiraal in uw tuin door planten en gras te zaaien rond uw spiraal van stenen. Wandel erin als u aan uzelf twijfelt. Als u geen tuin hebt, maak dan met stenen of glasscherven een minilabyrint in een grote bloempot.

✧ Laat uw Peorth-steen in het midden liggen om u eraan te herinneren dat u altijd trouw moet blijven aan uzelf.

Een Eohl-bezwering om uw intuïtieve krachten te ontwikkelen

✧ Zoek een versteend stuk hout aan de kust. Een steen met een natuurlijk gat, gevonden aan het strand of bij een rivier, heeft de gave om in de tijd te kijken. Anders kunt u ook een klein stuk amber kopen, het liefst met een blad of een insect. (Amber is versteende boomhars en is miljoenen jaren oud.)

- Teken op een van deze voorwerpen het Eohl-symbool. Dat zal de wijsheid van duizenden eeuwen vermengen met uw eigen ervaringen.

- 's Avonds, als de maan afneemt, wat een goed tijdstip is voor paranormale en voorspellende processen, steekt u vijf witte kaarsen aan. Zet ze in de vorm van een hoefijzer op een hoge plank of kast. Zo kunt u het licht zien als u plat op uw bed of sofa ligt.

- Neem uw Eohl-rune en houd die voor uw ogen in het midden van uw voorhoofd, waar het derde oog of het paranormaal inzicht verblijft, en zeg:

Eohl, Eohl breng naar mij
Wat moet gezien worden.

- Neem het Eohl-teken in uw linkerhand, voor de intuïtie van uw rechterhersenhelft, en focus nu op de vlam van de middelste kaars terwijl u op uw bed of sofa ligt. U kunt een bepaalde vraag stellen of de inzichten spontaan laten komen.

- Reis naar het licht en laat het uitbreiden rondom u.

- Bekijk het licht als een gordijn dat opengaat en loop erdoorheen alsof u zich in een andere dimensie bevindt.

- Laat visioenen en dagdromen van het verleden of andere gebeurtenissen door uw geest komen. Probeer ze niet te begrijpen.

- Als u klaar bent, keert u terug langs het gordijn naar het kaarslicht en naar uw bewustzijn.

- Schrijf of teken daarna de beelden of woorden die u hebt gezien, de kleuren, geuren of deels onthouden zinnen die u op uw astrale weg hebt gehoord.

Als u dit ritueel een aantal dagen herhaalt en slaapt met uw Eohl-rune onder uw hoofdkussen, af en toe 'Eohl' zeggend als een mantra, zult u beeldrijke dromen hebben. Uw paranormale gaven zullen zich ook uitbreiden naar de alledaagse wereld en tijdens meditatie en voorspellingen. U zult ook merken dat het lezen van de runen veel geconcentreerder verloopt. U zult spontaan antwoorden op uw eigen vragen en op die van anderen vinden omdat u toegang hebt tot de diepe bron van wijsheid.

Een Sigil-vuurbezwering om de job te krijgen die u wenst

Deze bezwering wordt het best uitgevoerd op de dag van de volle maan, als haar kracht het grootst is. We voeren de bezwering in de middag uit. Zo kunt u zowel de macht van de zon als van de maan gebruiken, het bewuste en het onbewuste vertegenwoordigend. De zonnewende in de zomer, de langste dag, als de zon op het toppunt is van haar macht, is het beste moment. Als het kan, werkt u buiten in het schitterende zonlicht.

✧ Teken vier Sigil-runen op gele kristallen of gele stenen. Leg ze in een cirkel in het midden op een gouden schijf of achtergrond die de zon vertegenwoordigt.

✧ Leg elke rune op de plaats van een windrichting, beginnend in het zuiden, de richting van de zon.

✧ In het midden van de achtergrond tekent u een grote zwarte stip.

Een cirkel met een punt in het midden is het astrologisch teken voor de zon.

- Plaats in de cirkel met kristallen een aangestoken kaars die rood mag zijn voor de energie, oranje voor zelfvertrouwen of goud voor welvaart. Het zijn allemaal kleuren van de zon. Gebruik een brede kaarsenhouder en een klein metalen schaaltje zodat er geen was verloren gaat.

- Schrijf op een rood of oranje papier een beschrijving van de job die u wenst (het kan er een zijn die u in een advertentie hebt gezien, of een hypothetische job). Noteer ook de ideale plaats van werken, het loon en zo veel mogelijk details die er de perfecte job van maken. Terwijl u dit schrijft, stelt u zich voor dat u op een bepaalde plek dit werk aan het doen bent.

- Als u klaar bent, houdt u het papier in de vlam en zingt u zachtjes, tot het papier opgebrand is:

> *Sigil, Sigil, Sigil, breng het vuur in mij*
> *Zodat ik bereik wat ik verlang.*

- Leg de as op een wit papier en houd de beide einden van het papier vast. Schud het zachtjes tot u een foto ziet. Als dat niet lukt, sluit u uw ogen, knippert even en opent ze weer. Dat zal inzicht geven in de stappen die u moet nemen.

- Zet de kaars op een veilige plaats en laat ze vanzelf uitgaan.

- Graveer vervolgens in de was het Sigil-symbool en laat dat op uw vensterbank liggen tot het laatste kwartier van de maan.

Nu neemt u de eerste stap naar uw ideale job of carrièrewending: vraag informatie, volg een cursus die uw vaardigheden aanscherpt of ga nog eens naar de lokale werkwinkel. Intussen gaat u met nieuw enthousiasme naar uw huidige werk. Misschien krijgt u dan wel die langverwachte promotie. Zorg ervoor dat u klaar bent als u een beter aanbod krijgt. Als u geen werk hebt, ga er dan met nieuwe kracht tegenaan, zoek nieuwe werkgebieden of andere locaties verder van huis. Wie weet doet u er wel uw voordeel mee om te verhuizen.

Runenbezweringen met de aett van Tir

Een Tir-wensbezwering

- Wacht om deze bezwering uit te voeren tot u op een heldere nacht duidelijk de sterren aan de hemel ziet en neem dan uw Tir-rune mee in de tuin.

- Neem een sterrenkaart en probeer de helderste ster aan het firmament, de Poolster, te lokaliseren. Of kies de eerste ster die aan de hemel staat.

- Concentreer u op de ster die u uiteindelijk gekozen hebt en stel u voor dat een lichtstraal van de ster naar u komt en u omgeeft met licht.

- Herhaal daarna de wellicht oudste magische bezwering in de wereld:

    Sterlicht, heldere ster, eerste ster die ik zie vanavond,
    Ik wens dat ik mocht, ik wens dat ik mocht,
    de wens vervullen die ik heb vanavond.

- Denk goed na over de wens die u graag vervuld zou zien voor u die uitspreekt. Op het moment waarop u de wens uitspreekt, draait u uw Tir-rune om.

Een Beorc-bezwering voor vruchtbaarheid

Deze bezwering kunt u het best uitvoeren als de wassende maan aan de hemel verschijnt. U moet een beschutte plaats zoeken waar berken groeien. Een bosje zilverberken is ideaal (zilver is de kleur van de maan). Schilder takken in het zilver als u binnen werkt. U kunt alle bomen gebruiken voor vruchtbaarheidsriten, ook een boomgaard of appelbomen.

✧ Maak negen strikken van een zilveren lint en hang die aan de boom of tak.

✧ Leg uw Beorc-rune boven op iets dat van koper is, het metaal van de aardgodin Nerthus, Frigga, de noordse moedergodin.

✧ Steek mimosawierook aan, dat geassocieerd wordt met maanenergieën en ga drie keer rond uw rune met het wierookstokje.

✧ Fluister zachtjes:

Beorc, Beorc, Beorc, Moeder Aarde, Moeder Maan,
Ik geef u mijn geschenken, maak mijn inspanning vruchtbaar.

✧ Houd uw rune in uw linkerhand en leg uw koperen voorwerp in uw rechterhand om macht te verkrijgen, zoals u dat doet met geld bij nieuwe maan. Vraag in uw eigen woorden dat als de maan toeneemt, ook uw vruchtbaarheid dat doet.

✧ Als u weer thuis bent, neemt u een klein beetje aarde van de tuin en begraaft u het koperen stuk erin. Drie dagen voor volle maan plant u mimosazaailingen of een andere bloem die 's nachts geurt.

Een Eh-bezwering om uw innerlijke harmonie te herstellen

❖ Omcirkel uzelf met kleine kristallen met zachte kleuren. U kunt bij deze bezwering ook werken met glasstukjes, die eveneens in zachte tinten gekleurd zijn.

❖ Teken een Eh-rune en houd die in de hand waarmee u schrijft. Denk aan elke angst of elk gevoel van verontwaardiging waar u onder lijdt. Zorg er wel voor dat u elk probleem afzonderlijk aanpakt.

❖ Maak met zilveren of gouden draad een knoop die symbool staat voor de eerste angst en leg die in een glazen pot; bij elke knoop die u legt verstrikt u een gevoel van verontwaardiging of ander negatief gevoel.

❖ Terwijl u de draad met de verstrikte negatieve gevoelens in de pot legt, zegt u:

Eh, Eh, verander mijn woede/wrok/zorg in een ster.

❖ Stel u voor hoe het gevoel zich ontrolt en een weg baant in een spiraal naar de hemel en een ster vormt.

❖ Herhaal dit bij de tweede zorg en blijf de draden van negativiteit verstrikken en vervolgens naar de hemel verzenden tot u zich kalm voelt.

❖ Plaats ter afsluiting uw Eh-rune in de pot met strengen en laat hem een week in het zonlicht staan. Gooi daarna de pot en de strengen weg.

Een Man-bezwering om u te helpen bij een belangrijke uitdaging

✢ Leg uw Man-rune op een bepaald voorwerp dat symbool staat voor de uitdaging waar u voor staat. Dat kan bijvoorbeeld een printerpatroon zijn als u een thesis moet schrijven of een boek wilt publiceren, een werktuig om een praktijkexamen tot een goed einde te brengen, of een boek als u een opleiding of cursus gaat volgen.

✢ Gebruik een heldere witte steen of een kwartskristal en monteer die aan het uiteinde van een stok. Op die manier maakt u een soort magisch toverstokje. U kunt ook een kristalpunt aan een stok van een hazelaar bevestigen, om een traditionele toverstok te maken.

✢ Houd uw symbool in uw linkerhand en richt de positieve creatieve steen of kristal naar de hemel in de hand waarmee u schrijft.

✢ Zie hoe het licht van uw stok het licht van de hemel vangt, teken een groot Man-symbool in het licht en zeg:

> *Man, Man, verlicht mijn weg*
> *naar het succes dat ik nodig heb*
> *en de erkenning waarnaar ik verlang.*

✢ Teken een Man-rune op een lange houten plank of een bezemsteel. Plant die in uw tuin, gericht op de plaats waar uw examen zal plaatsvinden. Dit noemen we een Nyd-paal. Die werd bij de vikingen aan het huis geplaatst om macht aan te trekken en het negatieve te verjagen.

Een Lagu-bezwering om de liefde in uw hart uit te drukken

∻ Teken een Lagu-rune op een steen die u in stromend water hebt gevonden en neem die mee naar de zee of een getijdenrivier. Als u aan zee bent, wacht u tot het tij keert.

∻ Spreek de woorden van liefde en verlangen stilletjes voor u uit of zachtjes in de wind. Terwijl u dat doet, gooit u uw symbool van emotie in het water op de plaats waar het het hardst stroomt en zegt u:

Lagu, Lagu, draag de woorden van mijn hart naar hem of haar die ik roep.

∻ Teken nu uw Lagu-rune in het zand of zachte aarde en voel de liefde in uw hart vrij stromen.

∻ Wacht tot het water het teken wegspoelt of duw de aarde zachtjes in de rivier.

Een Ing-bezwering om slapeloosheid te verhelpen

∻ Bind kamille- of lavendelbloemen in een netje en laat het hete water van een bad over de bloemen lopen. U kunt als u dat wenst ook enkele druppels rozen- of kamille-olie in het warme badwater doen.

✣ Steek in de badkamer vijf lichtroze kaarsen aan waarop u uw Ing-runen hebt gekerfd, en ontspan u in uw geurend bad.

✣ Draag daarna uw kaarsen naar de slaapkamer en terwijl u uw Ing-rune in uw linkerhand houdt, legt u zich neer en zingt u zachtjes:

Ing, Ing, zachte slaap,

terwijl u zichzelf ziet als gedragen op zacht ontvouwende roze wolken.

✣ Zie hoe al uw zorgen wegdrijven van de kaars in slierten grijze rook, en u leeg achterlaten.

✣ Probeer geen beeld of scène of woorden op te roepen, behalve de beschermende mantra.

✣ Blaas de kaarsen een voor een uit en zie het licht u omwikkelen. Als u uw ogen sluit, stel u dan een zilveren Ing voor aan het hoofd en einde van uw bed, die u beschermt en u een nacht met een diepe, droomloze slaap brengt.

Een Odal-bezwering om het juiste huis te vinden

✣ Plaats uw Odal-rune in het midden van een kaart waarop het gebied staat waar u wilt wonen. Als u geen voorkeur hebt of geen beperkingen, plaats dan de rune in het midden van een kaart van uw land of zelfs ruimer als u een echte zwerver bent. Zeg vervolgens:

Odal, Odal, ver en heinde,

Vind een huis waar ik thuiskom,
Over het water, lucht of dichtbij,
Toon mij het huis waar ik van houd.

- Leg overtrekpapier over de kaart en neem de Odal-rune in de hand waarmee u schrijft. Gooi de rune vanuit zuidoostelijke hoek op de kaart.

- Terwijl u de rune in de lucht gooit, zegt u

    Odal, Odal, breng me naar huis

    en zet u een kruisje op de plaats waar de rune valt.

- Gooi vervolgens de rune vanuit noordoostelijke hoek op de kaart en duid opnieuw aan waar ze terechtkomt.

- Gooi de rune voor de derde keer, ditmaal vanuit het midden van de onderkant van de kaart.

- Trek op het overtrekpapier vanuit elk punt rechte lijnen. Het punt waar de drie lijnen samenkomen is de ideale plaats om te gaan wonen.

- Noteer de stad, het dorp of de coördinaten en neem een meer gedetailleerde kaart om bijzondere kenmerken te zien: of het in de buurt is van een rivier, een bos of een winkelcentrum. Als er straatnamen zijn, ga dan na of bepaalde namen iets betekenen voor u.

- Ook al lijkt deze plaats onrealistisch om te gaan wonen, onderzoek het toch zorgvuldig en ga eens ter plaatse kijken voor u ervan af stapt. Schijnbaar toevallige keuzes kunnen onderliggende verlangens en behoeften weergeven waar we ons nauwelijks van bewust zijn. Vaak verlaat een pendelaar instinctmatig een stad en heeft die daar nooit meer spijt van.

✣ Slaap twee of drie nachten met uw Odal-rune onder uw hoofdkussen en u zult dromen van uw toekomstige thuis.

✣ Zodra u wakker bent, schrijft u de merkwaardige zaken op van uw eigendom. Als u de plaats bezoekt, zult u zaken uit uw droom herkennen.

Een Daeg-bezwering om licht te brengen in een sombere kamer, huis of werkomgeving

✣ Kies een zonnige dag en een moment waarop er het meeste licht is in uw huis, afhankelijk van de stand tegenover de zon.

✣ Neem een spiegel en plaats die zo dat het licht weerkaatst wordt.

✣ Schilder een Daeg-rune op een heldere kwartskristal en houd die voor de spiegel terwijl u het volgende zegt:

> *Daeg van het licht, Daeg van de Dageraad,*
> *werp uw licht op deze kamer.*
> *Daeg van de schittering, Daeg zo helder,*
> *verjaag de duisternis, maak dag van de nacht.*

✣ Stel u de Daeg-symbolen voor als gouden stralen die zich in de spiegel weerspiegelen en de hele ruimte met licht vullen.

✣ Zet de deur van uw werkruimte of de achterdeur van uw huis open om de duisternis te laten gaan. Zet een vaas met goudbloemen, goudkleurige anjers, chrysanten of om het even welke gele bloemen op uw bureau of een tafel in het midden van de kamer om de duisternis tegen te houden.

- Laat de spiegel in de kamer staan zolang het dag is.

- 's Avonds steekt u een gouden of natuurlijk gele bijenwaskaars aan en laat u wierookhars branden of rozemarijn, geuren van de zon.

- Schilder ten slotte een grote goudkleurige Daeg op folie, knip die uit, en hang ze aan uw raam als een zonnevanger. U kunt er gele en heldere kwartskristallen omheen hangen.

Runenbezweringen met de aett van Odin

Een Ac-bezwering om emotionele chantage of druk om zich aan te passen tegen te gaan

- Ga naar een bos en zoek een sterke tak op de grond.

- Kerf een reeks van Odin-runen aan een zijde.

- Telkens als u er een uitkerft, zegt u:

    Ac wees sterk, Ac wees oprecht, want ik vraag macht van u.

- Terwijl u bezig bent, stelt u elk teken voor als een grote eik die rond u groeit om u te beschermen.

- Plant de tak in uw tuin, gericht naar waar de chanteur leeft.

- Als de persoon een familielid is, leg de staaf dan horizontaal aan uw bed of achter de deur, de symbolen naar buiten gericht.

- Bij de volgende moeilijke ontmoeting houdt u uw Ac-rune in uw rechterhand voor assertieve energie. U kunt ook een Ac-rune op hout of steen maken en rond uw nek dragen.

- Als u onderhandelt, stelt u zich de eiken rondom u voor.

Een Aesc-bezwering om een vergiftigde omgeving te reinigen of een bedreigde diersoort, plant of vogel te beschermen

✣ Ga naar een plaats waar u de bedreigde soort kunt zien of voer de bezwering uit bij een video met beelden van de soort. Doe dit op een dag dat het regent of mistig is.

✣ Wikkel uw rune in een grijze of wit gekleurde doek en zeg:

Aesc, omarm in uw armen alle wezens die bescherming nodig hebben. Houd hen veilig en warm zodat ze genezen, laat hen groeien en leven in uw heiligdom.

✣ Bind de doek dicht met bladeren van een es of een andere boom waar dieren en vogels in leven.

✣ Berg hem op in een kleine, oude, houten of tinnen doos en begraaf die in het donker in uw tuin. U kunt de doos ook verstoppen op een geheime plaats. Spreek er met niemand over.

Een Yr-bezwering om een nieuw doel te vinden na een mislukking

✣ Als u toegang hebt tot een plaats waar er met de boog geschoten wordt, plaats dan een papieren Yr-rune in het midden van een doel. Span uw boog en mik op uw nieuw doel.

✧ Als de pijl wegschiet, roept u:

Yr, Yr, maak uw teken.

✧ U kunt ook een speelgoedboog en -pijl en doel gebruiken. Of u schopt een voetbal met een Yr-rune op getekend in een doel. Zelfs een elastisch koord met een tot propje gemaakt papier waarop de Yr-rune staat, is bruikbaar. Zolang u de Yr-macht maar richt op een bepaald doel.

Het is niet belangrijk dat u uw doel raakt. U kunt uw doel aanpassen aan de reële situatie zodra de energie in beweging is gekomen.

Een Iar-bezwering om een alternatieve weg te vinden

✧ Zoek een pad uit dat zich splitst maar op het eind weer samenkomt. U zult dit makkelijk in de stad of op een terrein met gebouwen vinden. Zoek een pad uit dat omgeven is door groen.

✧ Volg het pad dat u het minst ligt, zeggende:

Iar, Iar, open nieuwe wegen om mijn energie te kanaliseren.

✧ In de hand waarmee u schrijft houdt u een Iar-rune die u op hout of steen hebt getekend.

✧ Terwijl u langs het minder favoriete pad loopt, strooit u met uw andere hand zaad of broodkruimels die opgepikt zullen worden door vogels. Merk de positieve kenmerken op en zorg voor andere wegen in uw leven als een weg geblokkeerd is.

✧ Als u uw bestemming hebt bereikt, ga dan terug langs het andere pad en laat uw rune achter in de struiken of aan de splitsing, waarbij u uw twijfels en spijt van u afschudt.

Een Ear-bezwering om uw leven opnieuw vitaler te maken

✧ Neem een schaaltje met droog zand of as en ga er met uw vingers doorheen. Voel de droogheid en kleinheid.

✧ Vul een fles of pot met het zand of as. Telkens als u er een beetje in doet, laat u uw eigen uitputting en depressie beetje bij beetje in de fles vallen, u emotieloos achterlatend.

✧ Zet een deksel op de fles of pot. Teken er een Ear-rune als teken dat de pot gevuld is.

✧ Ga naar een vruchtbaar stuk land en laat de as of het zand wegwaaien in de wind en zeg:

Ear, Ear,
Strooi u ver uit,
Dood bent u.

✧ Vul de lege fles met voedzame grond en neem ze mee naar uw tuin, of doe de aarde in een bloempot waar u een snelgroeiend zaad in legt, zoals mosterd of waterkers, zodat snel nieuw leven groeit.

✧ Als u zorgvuldig te werk gaat, kunt u zaaien in de vorm van de Ear-rune.

Register

Aapassingsvermogen 124
Aardewerken runen 16
Ac 19, 118
  bezwering 167
  lezen 118
  magie 133
  verborgen 119
Actie 33
Aesc 19, 120
  bezwering 168
  lezen 120
  magie 134
  verborgen 121
  verhouding tot Ac 119
Aett 22
Aett van Freya 135
  runen beheerst door 23-42
  runenbezweringen 135-146
Aett van Haegl 147
  runen beheerst door 55-63
  runenbezweringen 147-157
Aett van Odin 167
  runen beheerst door 118-129
  runenbezweringen 167-171
Aett van Tir 158
  runen beheerst door 90-112
  runenbezweringen 158-166
Altruïsme 38, 59, 90
Amber 154
Ambitie 82, 145
Asgard 11, 28
Autoriteit 118

Begin 102
  en einde 73
Belang van runen 14
Beorc 19, 93
  bezwering 159
  lezen 93
  magie 133
  paranormaal verborgen 94
Bescherming 28, 105
Beslissingen, noodzakelijke 79
Bestendigheid 73
Bezweringen
  alternatieve weg vinden 169
  bij een belangrijke uitdaging 161
  emotionele chantage of druk om zich aan te passen tegengaan 167
  gebroken relatie herstellen 138
  geheime ambitie waarmaken 145
  herhaling van fouten vermijden 150
  in contact komen met uw wezenlijke zelf 152
  job krijgen 155
  juiste huis vinden 163
  kiezen tussen twee opties die onduidelijk zijn 142
  licht brengen in een sombere kamer 165
  liefde uitdrukken 162
  moeilijkheden overwinnen 136
  negatieve invloeden ontwijken en verjagen 137
  nieuw doel vinden na een mislukking 169
  onverwerkt verdriet laten rusten 151
  perfecte liefde 143
  plan of beslissing uit werken 147
  reis of vakantie 140
  slapeloosheid verhelpen 162
  toenemende welvaart 135
  uw hart doen smelten na verraad in de liefde 149
  uw innerlijke harmonie herstellen

160
uw intuïtieve
 krachten ontwik-
 kelen 153
uw leven opnieuw
 vitaler maken
 170
vergiftigde omge-
 ving reinigen of
 bedreigde soort
 beschermen 168
vruchtbaarheid 159
warmte en vitaliteit
 in uw leven
 brengen 148
 wens 158
Bindrunen 8
Blanco rune 128
Blanco zijde 21
Buffer van licht 52

Cen 18, 35
 cirkel van de inner-
  lijke wereld 46
 in een worp met
  zes runen 86
 in verhouding tot
  Haegl 35
 in verhouding tot
  Peorth 78
 lezen 36
 magie 131
 voorspellend ritueel
  142
 verborgen 36
Christendom 18, 126
Cirkel van actie en in-
 teractie 47
Cirkel van de innerlij-
 ke wereld 46
Cirkel van het wezen-

lijke zelf 45
Communicatie 31
Conflicten 28, 98
Contracten 38

Daeg 19, 111
 bezwering 165
 in een worp met
  negen runen 114
 lezen 112
 magie 133
 verborgen 112
Dagboek 22
Derde oog 154
Doek, maken van 43
Dromen 90

Ear 19, 126
 bezwering 170
 in verhouding tot
  een blanco rune
  127
 lezen 126
 magie 134
 verborgen 126
Eh 19, 96
 bezwering 160
 lezen 96
 magie 133
 verborgen 97
Eik 118
Einde en begin 73
Emoties 102
Emotionele chantage
 103, 167
Energie 82
Eoh 18, 73
 bezwering 151
 lezen 73
 magie 132

verborgen 74
Eohl 18, 79
 bezwering 153
 lezen 80
 magie 132
 rol in paranormale
  bescherming 53
 verborgen 80
Eormensyll-traditie 11
Erkenning van kwali-
 teit 41
Es 120
Expansie 82

Familie 108
Feoh 18, 23
 als rune van de dag
  66
 bezwering 135
 in een worp met
  drie runen 71
 in een worp met
  negen runen 116
 in een worp met
  zes runen 86
 lezen 23
 magie 131
 verborgen 24
Financiële zaken 23,
 108
Fouten 62
Frigga 10, 93

Gebeurtenissen volgen
 102
Gebied van het lot 48
Geboorte 102
Gebruik van runen
 130
Geduld 106, 121
Geheimhouding 28

Geluk, persoonlijk 41
Genezing 93, 120
Ger 18, 62
   als rune van de dag 66
   bezwering 150
   in een worp met zes runen 86
   in verhouding tot Iar 125
   lezen 62
   magie 132
   verborgen 63
Gezondheid 120
Gyfu 18, 38
   als rune van de dag 66
   in een worp met negen runen 115
   in verhouding tot Beorc 93
   in verhouding tot Man 100
   in verhouding tot Nyd 40
   lezen 38
   liefdesbezwering 143
   magie 131
   verborgen 39

Haegl 18, 55
   als rune van de dag 66
   eibezwering 147
   in verhouding tot Cen 55
   lezen 55
   magie 132
   verborgen 56
Hazelaar 16, 143, 161

Helderheid na twijfel 111
Herbronning 93
Hindernissen 25
Hogere zelf 79
Houten runen 20
Huiselijke zaken 108
Hulp in moeilijkheden 35
Huwen 38

Iar 19, 124
   bezwering 169
   lezen 124
   magie 134
   verborgen 125
Idealen 31
Impulsen 33
Inactiviteit 60
Ing 19, 105
   bezwering 162
   lezen 106
   magie 133
   verborgen 107
Initiatief 33
Innerlijk
   bronnen 122
   harmonie 160
   kracht 137
   stem 11, 35
   vlam 35
Inspanningen, maximale 124
Inspiratie 31, 35
Integreren, aspecten van uzelf en het leven 124
Intuïtie 102
Is 18, 60
   bezwering 149
   in verhouding tot

Eohl 81
   in verhouding tot Haegl 56
   lezen 60
   magie 132
   verborgen 61
Is gebied van het lot 49

Kaarsen 16, 21, 52
Kansen
   nieuwe 111
   onverwachte 82
Kracht 99, 120
Kristallen 9, 22
Kristallen runen 16

Lagu 19, 102
   bezwering 162
   in een worp met negen runen 115
   in verhouding tot Odal 108
   lezen 102
   magie 133
   verborgen 103
Leren 118
Levenscycli 33
Lied Edda 12
Liefde 38
Lot 9, 76

Macht 118
Magie 8
Man 19, 99
   bezwering 161
   lezen 100
   magie 133
   verborgen 100
Meditatie 8
Menstruatie 13

Milieu 93
Moed 25

Namen van runen 18-19
Natuur 93
Negatieve invloeden 137
Negen werelden 11
Nerthus 52, 93, 159
Nornen 9, 11
Nyd 18, 58
   in een worp met zes runen 86
   in verhouding tot Gyfu 59
   lezen 58
   magie 132
   verborgen 59
   vuurbezwering 148

Obstructie 60
Odal 19, 108
   bezwering 163
   lezen 108
   magie 133
   verborgen 109
Odin 8, 10, 11
Oliën 22
Onafhankelijkheid 118
Ontwrichting 55
Oogst 62
Oppositie, verzet tegen 120
Optimisme 111
Os 18, 31
   in een worp met negen runen 116
   in een worp met zes runen 86
   lezen 31

magie 131
verborgen 32
waterbezwering 138
Overlevingsinstincten 25

Paranormaal
   bescherming 52
   inzicht 154
   ontwikkeling 79
Partnerschap 96
Passie 58
Peorth 18, 76
   bezwering 152
   in een worp met negen runen 119
   in verhouding tot Ac 119
   lezen 77
   magie 132
   verborgen 78
Potentieel
   onvervuld 82
   spiritueel 120
Premenstrueel syndroom 106
Prijs die u moet betalen 23
Proeflezingen
   drie runen 71
   negen runen 115
   rune van de dag 64
   zes runen 86
Psychokinese 10

Rad 18, 33
   bezwering op de middag 140
   de cirkel van actie en interactie 47
   in een worp met

drie runen 71
in een worp met negen runen 115
in verhouding tot Haegl 56
lezen 33
magie 131
verborgen 34
Rechtvaardigheid 90
Reizen 33
Reinigen van runen 64
Rijkdom 23
Rijpheid 99
Risico 76
Runen
   bewaren 16
   doek 43
   dagboek 22
   gedichten 11
   kopen 16
   leren kennen 21
   magie 53, 76, 130
   reeksen 22
   tekenen 19
   van de dag 64
   vinden 15
   voor anderen lezen 12
   vrouwen en 13
   werpen 43, 50

Schikgodinnen *zie* Nornen
Seks 38
Sigil 18, 82
   bezwering 155
   in een worp met negen runen 114
   lezen 83
   magie 132
   verborgen 83

Slapeloosheid 162
Spiritualiteit 80, 131
Stabiliteit 108
Stenen runen 15, 19
Sterfelijkheid 99
Sterker worden 105
Succes 41, 82

Talenten 82, 99
Taxus 73
Thorn 18, 28
   als rune van de dag 66
   in een worp met drie runen 71
   lezen 29
   magie 131
   ritueel 137
   verborgen 29
Thuis 108
Tir 19, 90
   in een worp met negen runen 114
   lezen 91
   magie 133
   verborgen 92
   wensbezwering 158
Traditie 73
Transformatie 122
Trouw 73

Uitdagingen 28
Uithoudingsvermogen 120
Uitwisselen 38
Ur 18, 25
   lezen 25
   magie 131
   verborgen 26
   weerbezwering 136
Urd 11, 76-77

Vakanties 140
Vastberadenheid 120
Veelzijdigheid 124
Verandering 33, 55
   van werk 96
Verantwoordelijkheid 108
Verhuizen 96
Verlangens 58
Verlichting 111
Vernieuwing 93
Verouderen 99
Verraad in de liefde 149
Verstandhouding, goede 96
Vertrouwen 90
Verzet tegen oppositie 120
Vitaliteit 148
Volsungr 8
Voorspelling 8
Voorspoed 23
Vreugde 41
Vriendschap 96, 108
Vrijgevigheid 38
Vruchtbaarheid 93, 105

Wachten 105
Wedergeboorte 126, 129, 133
Wereldboom 11
Werk 82
Werpen
   andere methode 50
   drie runen 69
   negen runen 113
   zes runen 85
Wezenlijke zelf 76
Wierook 16, 17, 22

Wijsheid 31, 73, 99
   onbewuste 102
   traditionele 118
Wijsheid van de runen 11
Wyn 18, 41
   bezwering 145
   in een worp met zes runen 86
   lezen 41
   magie 132
   verborgen 42

Yggdrasil *zie* Wereldboom
Yr 19, 122
   bezwering 169
   lezen 122
   magie 134
   verborgen 123

Zekerheid 108
Zelfopoffering 90
Zelfvertrouwen 58
Zilveren runen 16
Zonnewende 58, 73, 82, 106, 155
Zorg dragen 76
Zout 21